Suivez le guide… pour faire rimer lecture avec plaisir

Voilà bien l'avantage du roman, c'est un temps pour soi.

Un temps pour se construire une identité singulière, ouverte, en mouvement. Les premières émotions littéraires sont celles qui, avec une douce mélancolie ou un humour féroce, mais toujours des mots justes, nous révèlent. Des "romans-miroirs" qui, en parlant des autres, évoquent nos blessures, nos espoirs secrets…

Un temps pour se divertir grâce à des histoires captivantes qui ouvrent au rêve et à l'imaginaire. On y entre comme dans un train fantôme, une machine à remonter le temps. Avec l'Aventure, le Fantastique, l'Histoire ou le Policier, on est dans l'action ou le jeu qui sont autant d'amorces vers la lecture.

Dans tous les cas, un roman, on va le lire pour soi, rien que pour soi. En fonction de ses goûts, ses humeurs, ses passions.

Nous avons conçu ce Guide Romans Jeunesse pour faire rimer lecture avec plaisir. Pour vous aider à tirer le meilleur parti de la formidable diversité de la littérature jeunesse, nous avons minutieusement sélectionné 200 romans parmi plus de 10 000 références disponibles.

Pour vous apporter les repères nécessaires et éviter les déceptions qui découragent l'apprenti lecteur, nous avons classé ces romans par genre, par âge et par niveau de lecture. Les néophytes pourront commencer une bibliothèque idéale avec les 30 indispensables ; quant aux plus passionnés, nous leur donnons des pistes pour approfondir cette exploration de la littérature jeunesse à travers un historique et des portraits d'auteurs.

A vous de jouer !

LES LIBRAIRES JEUNESSE DE LA FNAC

Le roman pour la jeunesse…
d'avant-hier à demain

Telle que nous la connaissons aujourd'hui – dans son foisonnement et sa diversité –, la littérature pour la jeunesse est une "invention" récente, pur produit d'un XXᵉ siècle où, psychanalyse et consumérisme aidant, on a compris que les enfants et les adolescents ne composaient pas une masse indifférenciée, mais avaient des goûts, des aspirations, des sensibilités, des intérêts différents… bref, qu'ils étaient des individus. S'il n'en fut pas toujours ainsi, c'est que la littérature pour la jeunesse reflète la façon dont une société voit ses enfants et que, longtemps, la société ne les a pas vus.

Le premier roman pour la jeunesse "recensé" comme tel paraît en 1699, à peu près en même temps que les Contes de Perrault. *Les Aventures de Télémaque*, que Fénelon, précepteur du jeune Louis de France, rédige à l'intention du dauphin, doivent lui "apprendre à régner". L'ouvrage, ô combien didactique, s'inspire de *l'Odyssée*, mais sa visée est aussi politique et vaut à l'auteur une disgrâce définitive, Louis XIV se montrant assez chatouilleux sur la question de l'absolutisme. Nous sommes à l'aube du XVIIIᵉ siècle : savoir lire est le privilège des enfants de l'élite – les autres travaillent, aux champs ou dans les mines. En outre, on lit pour s'instruire. Pas pour s'amuser. En Angleterre, à la même époque, les jeunes lecteurs du *Pilgrim's Progress* (*Le Voyage du pèlerin*) de John Bunyan, ne risquent pas d'user leurs zygomatiques entre la "colline de la difficulté" et la "vallée de l'humiliation"… Mais ils feront de bons chrétiens.

L'idée de plaisir apparaît, quoique timidement, bien plus tard, au XIXe siècle : la littérature pour la jeunesse se fait plus romanesque et plaisante, mais passe inévitablement par l'adaptation "à l'usage des enfants" de contes philosophiques pour adultes déjà déguisés par leurs auteurs en romans d'aventures. Parmi ceux-là, *les Voyages de Gulliver*, de **Jonathan Swift**, ou le *Robinson Crusoë*, de **Daniel Defoe**. Les petits lisent des histoires dont les grands sont les héros. Il faudra attendre la **comtesse de Ségur** pour que les enfants entrent en scène dans les livres qui leur sont destinés. Mais attention, pas n'importe quels enfants : des fils et filles de bonne famille qui, bien que chenapans à leurs heures, se montrent studieux et soumis. La comtesse applique fidèlement son unique recette : "N'écris que ce que tu vois." Et ce qu'elle voit, dans le parc du château des Nouettes, ce sont ses petits-enfants : ils sont très sages et très gâtés. **Hector Malot** explorera une autre enfance, l'enfance malheureuse, l'errance de l'orphelin. Mais, chez lui comme chez elle, la vertu et la morale triomphent – avec plus ou moins de discrétion – et sont les véritables héroïnes de leurs romans. **Jules Verne**, que l'éditeur Hetzel incite à écrire pour les enfants, va rédiger ce qu'il baptise lui-même le "roman de la science". La porte de l'imaginaire s'ouvre, mais l'intention morale persiste. Les auteurs étrangers – et notamment anglo-saxons – offrent davantage de liberté à leurs héros enfantins, laissant s'engouffrer dans leurs œuvres le souffle troublant de l'imaginaire ; c'est le cas de **Lewis Carroll**

avec *Alice* (1865), de James Matthew Barrie avec *Peter Pan* (1904). D'autres s'appuient sur une veine plus réaliste : Charles Dickens, Louisa May Alcott et ses *Quatre Filles du docteur March*, Mark Twain...

1881. L'instruction devient "laïque, obligatoire et gratuite", l'enseignement secondaire est étendu aux jeunes filles : Jules Ferry fabrique des millions de lecteurs et de lectrices. On accorde une attention plus grande à la place de l'enfant dans la société : instruire l'enfant d'aujourd'hui, c'est éduquer l'adulte de demain. Il va devoir lire, mais pour accompagner le progrès social. C'est l'acte de naissance de la *Bibliothèque du petit Français* (Armand Colin) et l'essor de la *Bibliothèque rose* (Hachette).

Le tournant décisif sera pris dans les années 1950 : dans la prospérité de l'après-guerre, les enfants deviennent des consommateurs comme les autres, un marché à conquérir. Culture et consommation de masse apparaissent et, avec elles, les séries ! Elles seront anglaises – "Club des Cinq" et "Alice" – avant que les auteurs français ne s'emparent, à leur tour, du filon. C'est l'âge d'or des super-héros : les enfants mènent l'enquête. Seuls. On ose enfin éliminer les parents. Encombrants, ils disparaissent du paysage, comme en témoignent les aventures de l'inoxydable *Fifi Brindacier*. Les "clubs", les "clans", les "Michel" et les "Fantômette" fleurissent.

L'explosion de la littérature pour la jeunesse telle que nous la connaissons ne se produit que dans les années 1970, avec l'invention du livre de poche qui met à portée de toutes les bourses une multitude de titres. En outre, 1968 est passé par là : les bonnes intentions, la "littérature de gouvernante" ne font plus recette. L'enfant accède au statut de personne. À partir de là, la production romanesque commence à s'attacher aux problèmes psychologiques et sociaux des plus grands, réservant la fantaisie, l'humour et l'aventure à ses plus jeunes lecteurs.

Dans les deux décennies qui suivent, ces frontières-là aussi se fondent : on peut parler de tout et tout lire, à tout âge – des thrillers à sept ans ou des livres d'humour à quatorze. C'est l'heure de la diversité : diversité des genres, des thèmes, des modes d'écriture. Vie quotidienne, questions d'actualité, polars, humour, thrillers, romans historiques, la littérature pour la jeunesse devient de la littérature "tout court", renonçant à emprisonner ses lecteurs dans un seul point de vue, un seul style. Elle offre la même palette, la même diversité de choix que la littérature adulte, ses auteurs ne sont plus considérés comme des écrivains "de seconde main", la condescendance n'est plus de mise.

Le livre de jeunesse a changé de statut : il n'offre plus un support didactique, il est devenu un livre, un vrai, prétexte à discussion entre jeunes, mais aussi avec les adultes, un moyen d'aborder les problèmes personnels et d'avoir un nouveau regard sur le monde, d'élargir son horizon, d'attiser son appétit de lire : bref, le livre jeunesse est devenu… un livre, tout simplement.

HISTORIQUE ÉCRIT EN COLLABORATION AVEC LE CRILJ
(CENTRE DE RECHERCHE ET D'INFORMATION
SUR LA LITTÉRATURE POUR LA JEUNESSE)

Votre histoire d'amour

Un soir, en refermant un livre, vous êtes resté un moment, les yeux au loin.

- Tu es triste ? a fait la petite voix, à côté de vous.

- Mais non, ma chérie, pourquoi je... Elle t'a plu, cette histoire ?

C'était *Toi grand, moi petit* de Solotareff. Les livres pour les petits donnent de grandes émotions... aux papas des petits. Il s'est passé un an ou deux et un soir, la petite voix vous a demandé :

- C'est où la phrase que tu viens de lire ?

Vous avez relu la phrase en soulignant chaque mot du doigt.

- C'est B comme lettre, celle-là ?

Là, vous avez compris qu'un jour, l'histoire s'appellera "moi petit et toi grande", ma chérie. Mais en attendant, que de soirs à partager ! Et voilà qu'aujourd'hui, votre collégienne arrive, excédée, du bahut et s'écrie :

- T'sais quoi ? Faut lire un livre pour dans quinze jours. Un livre entier !

Alors, tous ces soirs passés ensemble, c'était pour rien ? Le livre est une histoire d'amour. Fragile, comme toutes les histoires d'amour, et à rejouer tous les jours. N'avez-vous rien à vous reprocher ? N'y a-t-il pas eu des soirs où, de coups de fil en "j'arrive, ma chérie", finalement, vous n'avez pas pris le temps de lire ? Avec cette excuse vite trouvée : "D'ailleurs, elle sait lire, maintenant." Bien sûr, vous vous êtes épargné des crampes de mâchoire en ne lisant pas à haute voix les albums de Peyo : "Comme dit le grand Schtroumpf, c'est en schtroumpfant qu'on devient schtroumpf." Mais vous avez raté : *Le Prince de Motordu, Toufdepoil*, puis *Bilbo le hobbit*. Et tant pis pour vous, vous ne saurez pas que *Ben est amoureux d'Anna* et que *Petit Féroce* ne l'est pas tant que ça. Rassurez-vous. Puisque, dans l'amour, tout se rejoue tous les jours, rien n'est jamais tout à fait perdu. Mettez-y du vôtre. Elle y mettra du sien. Voyons, qu'attend-on de la vie quand on a douze ans ? Eh bien, comme dans les bandes annonces au cinéma :

Du rire ! Avec Roald Dahl et Anne Fine.

Des émotions ! Grâce à Agnès Desarthe et Brigitte Smadja.

Du romantisme ! C'est le grand retour des *Quatre Filles du docteur March*.

De l'amour ! Merci, Judy Blume.

Du mystère ! Revoilà les *Dix Petits Nègres*…

Du suspense ! avec *Croisière en meurtre majeur* et l'*Ordinatueur*.

Suivez le Guide : tous les romans qui s'y trouvent, votre fille les lira, sans râler. Et puis, ce soir, c'est elle qui vient dans votre chambre. Elle pose un livre sur le drap :

- Il est top, çui-là.

Cette façon qu'elle a d'exiger quelque chose de vous sans rien demander ! Vous ouvrez le livre, vous le feuilletez du bout des doigts, puis vous le lisez du bout des yeux. Quand vous le refermez, il est deux heures du matin. C'était quoi, ce bouquin ? *No pasarán, le jeu*. Un livre pour les gamins ? Dans ce cas, quand on a douze ans, c'est pour longtemps.

- Ça t'a plu ? vous demande-t-elle, le lendemain, l'air de rien.

- Vraiment top. J'ai pas tellement dormi.

Elle rit. Vous aussi. Entre votre fille et vous, l'histoire n'est pas finie.

MARIE-AUDE MURAIL
ROMANS P. 18, 35 145 ET 147 / PORTRAIT P. 227

Genre et thèmes

Un code couleur permet de repérer
rapidement le genre du roman (voir test p. 12-13).
Des mots-clés permettent d'identifier d'un seul
coup d'œil les principaux thèmes abordés.

Âge et niveau
de lecture

Notre sélection
est classée par
catégorie d'âge
(dès 7-8 ans,
dès 9-10 ans,
dès 11-12 ans)…
sachant qu'il n'y a
pas de limite d'âge
pour les bons
livres. Le niveau de
difficulté (facile,
bon lecteur,
très bon lecteur)
permet de ne pas
décourager les
lecteurs peu sûrs
d'eux ou de guider
progressivement
les meilleurs
lecteurs vers
la tranche d'âge
supérieure.

dès 9-10 ans

Susie
Morgenstern

Lettres d'amour
de 0 à 10

Neuf à l'École des loisirs

très bon lecteur
● ● ●

indispensable

c'est la vie

▸ Relation père/fils
▸ Amitié
▸ Famille
▸ Solitude

Ce **pictogramme**
renvoie à 30 références
essentielles (voir p. 14),
valeurs sûres que nous
vous recommandons
vivement pour
commencer votre
bibliothèque idéale.

LETTRES D'AMOUR DE 0 À 10
Susie Morgenstern
Neuf / L'école des loisirs

Ernest a dix ans : dix ans d'ennui. Une mère morte
à sa naissance, un père disparu, il vivote entre sa
grand-mère et une aide ménagère déprimée.
Les heures s'écoulent, moroses : école, goûter, devoir,
coucher. Jusqu'au jour où il rencontre Victoire,
son capharnaüm et ses treize frères… Avec elle,
Ernest va tout découvrir pour la première fois, et
surtout son père !
Optimisme, formules choc et tonus à revendre :
décidément, Victoire ressemble à Susie Morgenstern !

Portrait de l'auteur p. 226.

Si vous avez aimé…
vous aimerez

Dans le même genre
Treize à la douzaine
Ernestine et Frank Gilbreth
▸ p. 135

Sur le même thème
Toufdepoil
Claude Gutman
▸ p. 133

Du même auteur
La Sixième
Neuf / L'école des Loisirs
▸ p. 127

105

Les titres sont
classés par ordre
alphabétique

Si vous avez aimé… vous aimerez

Cette rubrique permet de rebondir vers
un livre dans le même genre, sur le même
thème ou du même auteur… avec renvoi
de page lorsqu'il est présenté dans ce guide.

Quel lecteur es-tu ?

Tu passes ton temps la tête dans les nuages ? Tu dois aider tes copains à sauver la planète ? Tu es très occupé : il y a un extraterrestre qui habite chez toi ? Dis donc, t'en as de l'imagination… Alors, un conseil. Fais ce test et tu verras : il y a un lecteur qui sommeille en toi !

1. Sur ton carnet scolaire, ta maîtresse pourrait écrire :
- Trop de pitreries !
- Dans la lune…
- Il est interdit de venir en classe déguisé en chevalier
- Trop turbulent !
- Nous rappelons que les animaux sont interdits
- Bavard(e) !

2. Tu aimerais rencontrer :
- Nicolas Hulot
- L'inspecteur Gadget
- Godzilla
- Mr Bean
- Céline Dion
- Louis XIV

3. Tu inventes une émission télévisée, tu l'appelles :
- Vivre avec des extraterrestres
- Mercredi, ça rime avec c'est la vie
- Sauvons la planète !
- À la découverte du monde
- Le bêtisier des écoliers
- Voyages dans le passé

4. Si tes parents t'offraient un abonnement, tu choisirais :
- Wapiti (sciences naturelles)
- Les Aventuriers
- Les Clés de l'actualité
- Magazimut (jeux et histoires drôles)

- Le Petit Journal des horreurs
- Arkéo (archéologie)

5. Au cinéma, tu irais voir ou revoir quel film :
- La Guerre des étoiles
- Titanic
- Babe
- Les Visiteurs
- Astérix
- Batman

6. Plus tard, tu seras :
- Vétérinaire
- Astronaute
- Instituteur (trice)
- Détective
- Archéologue
- Comédien(ne)

7. Bientôt mardi gras, tu seras déguisé(e) en :

- Clown ⊐
- Robot 🌸
- Tarzan 🐾
- D'Artagnan ❋
- Explorateur ◎
- Zorro ☯

8. Enfin les vacances, tu préfèrerais aller :

- En colonie avec des copains ⊐
- En Égypte, tu as toujours rêvé de voir les pyramides ❋
- En mission humanitaire en Afrique ☯
- En randonnée équestre 🐾
- Un mois dans la fusée Ariane 🌸
- Au Kenya pour faire un safari ◎

9. Tu aimerais pouvoir :

- Entrer à l'école du cirque ⊐
- Faire le tour du monde ◎
- Avoir un tigre dans ton jardin 🐾
- Rendre les gens heureux ☯

- Vivre au Moyen Âge ❋
- Aller sur Mars 🌸

10. Bientôt ton anniversaire, tu as envie :

- D'une vidéo de Lagaffe ⊐
- D'une entrée au Futuroscope 🌸

- D'un livre d'histoire ❋
- D'un animal (chien, tortue…) 🐾
- D'un déguisement de policier ◎
- D'un jeu de société ☯

réponses

Tu as obtenu un maximum de 🐾

Qu'ils soient familiers ou sauvages, les animaux sont ta passion. Et, bien sûr, quand on aime la nature, on aime aussi les animaux. Le genre "Nature-Animaux" répondra à tes attentes.

Tu as obtenu un maximum de ❋

Tu adores remonter le temps, découvrir d'autres époques. Vivre au temps des chevaliers, visiter les pyramides d'Égypte, rencontrer un petit garçon "préhistorique"… voilà ce que te propose le genre "Histoire".

Tu as obtenu un maximum de 🌸

Les créatures bizarres, extraterrestres et autres gremlins, n'ont pas de secret pour toi. Tu trouveras dans les genres "Fantastique" et "Science-fiction" une véritable mine de frissons et des mondes inconnus…

Tu as obtenu un maximum de ☯

Les relations humaines te passionnent, qu'il s'agisse de ta famille, de tes copains, de ton amoureux ou amoureuse. La religion, l'enfance maltraitée, le drame algérien… Tout cela ne te laisse pas indifférent. Tu aimerais en savoir plus. Retrouve tous ces sujets dans le genre "C'est la vie".

Tu as obtenu un maximum de ◎

Tu aimes l'aventure, résoudre des énigmes… Bref, sortir de ton quotidien. Il te faut de l'action, du suspense et du rêve. Tu en trouveras dans les genres "Aventure" et "Policier". Bonne route !

Tu as obtenu un maximum de ⊐

Tu adores rire et faire rire, et quand on te reproche de faire ta pitre, tu prends plutôt ça pour un compliment. Alors, pour découvrir plein d'histoires désopilantes, suis la piste "Humour".

Les 30 indispensables

Pour commencer ou compléter sa bibliothèque, il y a des livres qu'il ne faut absolument pas manquer. Classiques ou coups de cœur, nous avons répertorié les 30 indispensables des 7-12 ans.

dès 7-8 ans

La Belle Lisse Poire du Prince de Motordu
de Pef
➤ p. 16

Ben est amoureux d'Anna
de Peter Härtling
➤ p. 17

Le Chat de Tigali
de Didier Daeninckx
➤ p. 20

Fantastique Maître Renard
de Roald Dahl
➤ p. 29

Fifi Brindacier
d'Astrid Lindgren
➤ p. 30

Journal d'un chat assassin
d'Anne Fine
➤ p. 38

Mademoiselle Zazie a-t-elle un zizi ?
de Thierry Lenain
➤ p. 42

Le Mot interdit
de Nicolas de Hirsching
➤ p. 50

dès 9-10 ans

Charlie et la Chocolaterie
de Roald Dahl ➤ p. 69

Deux pour une
d'Erich Kästner ➤ p. 82

Le Grimoire d'Arkandias
d'Éric Boisset ➤ p. 92

Harry est fou
de Dick King-Smith ➤ p. 94

Histoire d'une mouette et du chat qui lui apprit à voler
de Luis Sepúlveda ➤ p. 96

Lettres d'amour de 0 à 10
de Susie Morgenstern
➤ p. 105

L'Œil du loup
de Daniel Pennac ➤ p. 114

Le Petit Nicolas
de Sempé / Goscinny
➤ p. 116

La Sorcière de la rue Mouffetard
de Pierre Gripari ➤ p. 128

Tout contre Léo
de Christophe Honoré
➤ p. 134

Verte
de Marie Desplechin ➤ p. 137

dès 11-12 ans

Baby-sitter blues
de Marie-Aude Murail
➤ p. 147

Bilbo le hobbit
de J.R.R. Tolkien ➤ p. 151

Harry Potter à l'école des sorciers
de J.K. Rowling ➤ p. 166

L'Histoire d'Helen Keller
de Lorena A. Hickok
➤ p. 167

L'Île des chevaux
d'Eilis Dillon ➤ p. 169

L'Île du crâne
d'Anthony Horowitz
➤ p. 170

Mon Ami Frédéric
de Hans Peter Richter
➤ p. 182

Mon Bel Oranger
de José Mauro de Vasconcelos ➤ p. 184

No Pasarán, le jeu
de Christian Lehmann
➤ p. 189

L'Ordinatueur
de Christian Grenier
➤ p. 192

Le Passeur
de Lois Lowry ➤ p. 195

dès **7**
ans

8

jeunesse

humour

▶ Jeux de langage

▶ Prince / Princesse

▶ École

facile

LA BELLE LISSE POIRE DU PRINCE DE MOTORDU

Écrit et illustré par Pef
Folio Benjamin / Gallimard Jeunesse

Le prince de Motordu ne parle pas comme tout le monde : chez lui, un château devient un chapeau, un drapeau, un crapaud... et il a même un râteau à voiles. Il rencontre la princesse Dézécolle, avec laquelle il rêve de faire plein de "billes" et de "glaçons", et retourne en classe pour tenter de remédier à son petit défaut de langue…
Un mot pour un autre à toutes les lignes, et tordu comme par un coup de baguette magique.
On comprend, on rétablit, avec l'impression de lire deux livres en un : réjouissant.

*Si vous avez aimé…
vous aimerez*

Dans le même genre
→ Humour
Dico Dingo
Pascal Garnier
➤ p. 27

Sur le même thème
→ Princesse et école
**Même les princesses
doivent aller à l'école**
Susie Morgenstern
➤ p. 46

Du même auteur
→ Pef
Rendez-moi mes poux
*Folio Cadet / Gallimard
Jeunesse*

7-9 ans

— Ne te mets pas les doigts
dans le nez, espèce d'Indien !
dit la mère. Elle dit toujours
ça quand il se fourre le

très bon lecteur

c'est la vie

▶ *Amour*

▶ *École*

▶ *Séparation*

BEN EST AMOUREUX D'ANNA

Peter Härtling / Illustrations de Rosy
Kid Pocket / Pocket Jeunesse

Quand Anna est arrivée dans la classe de Ben, celui-ci
est (presque) tout de suite tombé amoureux d'elle.
Il a glissé une lettre dans son cartable, à laquelle elle
a répondu avec un peu de retard, mais répondu tout
de même. Sauf que toute la classe l'a su…
Pour Peter Härtling, l'amour à dix ans est de l'amour
vrai, dont il ne faut pas rire car il est aussi fort, aussi
contradictoire et parfois aussi douloureux que l'amour
des adultes. Mais l'amour à dix ans a quelque chose
de plus : il est inoubliable.

Si vous avez aimé...
vous aimerez

Dans le même genre
→ C'est la vie
Marie est amoureuse
Brigitte Smadja
➤ *p. 44*

Sur le même thème
→ Séparation
Lili Graffiti
Paula Danziger
➤ *p. 40*

Du même auteur
→ Peter Härtling
**Sophie fait
des histoires**
Kid Pocket / Pocket Jeunesse

Marie-Aude Murail

Bravo Tristan !

7-9 ans

Dans mon école, il y a trois bandes, la bande à Jujube, la bande à Patrick et la bande à Olivier. Moi je suis dans

bon lecteur

c'est la vie

▶ *École*

▶ *Bande d'enfants*

▶ *Courage*

▶ *Générosité*

BRAVO TRISTAN !

Marie-Aude Murail / Illustrations de Véronique Prenaud
Kid Pocket / Pocket Jeunesse

Tristan aimerait entrer dans la bande de Jujube, pas pour faire partie d'une bande, mais pour pouvoir se défendre contre Olivier. Celui-ci l'a mis sur sa liste de guerre et lui a chipé le plus beau timbre de sa collection. Seulement, on n'entre pas comme ça dans une bande : il faut passer des tests…
Le jeu des alliances dans une cour de récré est une affaire subtile décrite ici par un héros attachant que l'on a vraiment envie d'applaudir.

Portrait de l'auteur p. 227.

Si vous avez aimé… vous aimerez

Dans le même genre
➜ **C'est la vie**
Journée poubelle pour Gaëlle
Jo Hoestlandt
➤ p. 39

Sur le même thème
➜ **Bande d'enfants**
Superman contre CE2
Catherine Missonnier
➤ p. 61

Du même auteur
➜ **Marie-Aude Murail**
Le Hollandais sans peine
➤ p. 35

J'AIME LIRE ● DE 6 À 10 ANS

PASCALE WRZECZ / BOIRY

C'EST DUR D'ÊTRE UN VAMPIRE

BAYARD POCHE

fantastique

▶ *Vampire*

▶ *Famille*

▶ *École*

▶ *Amitié*

bon lecteur
● ● ●

C'EST DUR D'ÊTRE UN VAMPIRE

Pascale Wrzecz / Illustrations de Boiry
J'aime lire / Bayard Poche

Pas drôle la vie de fils de vampires : les chauves-souris pour compagnes, le sang caillé au petit déjeuner, les deux canines pas très esthétiques… Lou Dragoulu en a assez : il veut des corn flakes, des copains, jouer au foot, et même aller à l'école. Alors, il fugue et se fait un copain, Antoine. Pourtant, un jour, il faudra bien tout lui avouer…
Une savoureuse reconversion, traitée avec humour et brio : un vampire ne suit pas forcément le plan de carrière de ses parents !

Si vous avez aimé…
vous aimerez

Dans le même genre
→ Fantastique
Les Sept Sorcières
Marie-Hélène Delval
➤ *p. 59*

Sur le même thème
→ Vampire
Un vampire à l'école
Yves-Marie Clément
Cascade Contes / Rageot

policier

❱ Racisme

❱ Animaux (chat)

❱ Journal intime

bon lecteur
●●○

LE CHAT DE TIGALI

Didier Daeninckx
Mini Souris Noire / Syros Jeunesse

Son contrat de coopération prenant fin, François Huet rentre d'Algérie et vient s'installer dans la banlieue nord de Marseille avec sa famille et son chat, Amchiche. Mais ce chat au nom pas comme les autres va déchaîner la haine raciste...
Présenté comme le journal intime d'un instituteur, ce livre d'une trentaine de pages est bien plus qu'un polar, un manifeste contre le racisme. Il pose des questions chères à Daeninckx : de bonnes questions.

Si vous avez aimé...
vous aimerez

Dans le même genre
➔ Policier
On a volé le Nkoro-Nkoro
Thierry Jonquet
➤ p. 51

Sur le même thème
➔ Racisme
Pas de pitié pour les poupées B.
Thierry Lenain
➤ p. 52

fantastique

▶ *École*

▶ *Animaux*

▶ *Monstre*

Brusquement, Peter sursauta : en face de lui, un œil énorme venait de cligner ! – Maman ! Viens vite ! Il y a

bon lecteur
●●○

LA CHOSE DU LAVABO

Frieda Hughes / Illustrations de Chris Riddell
Kid Pocket / Pocket Jeunesse

Peter est consterné : la maîtresse a demandé à chaque élève de présenter à la classe un animal familier.
Or, Peter n'en a pas. Pas question d'en "emprunter" un ; quant à attraper une souris, mieux vaut ne pas y penser.
Un jour, dans la salle de bains, il surprend une longue chose verte et gluante équipée d'un œil unique qui ne cesse de cligner ! Cette chose a un immense avantage : elle peut prendre la forme de tous les animaux…
De quoi frissonner en lorgnant le lavabo… mais pour rire.

*Si vous avez aimé…
vous aimerez*

Dans le même genre
→ **Fantastique**
**Un monstre
dans la peau**
Hubert Ben Kemoun
➤ *p. 49*

Sur le même thème
→ **École**
**Journée poubelle
pour Gaëlle**
Jo Hoestlandt
➤ *p. 39*

humour

▶ *Identité*

▶ *Livre*

▶ *Apprentissage*

très bon lecteur
● ● ●

COMMENT DEVENIR PARFAIT EN TROIS JOURS

Stephen Manes / Illustrations de Françoise Boudignon
Cascade 7-8 / Rageot

Milo est loin d'être parfait et, surtout, il est très maladroit. Avec lui, tout tombe, se brise ou crève, notamment le sac à provisions. Alors, le jour où, à la bibliothèque, il reçoit sur le crâne un livre intitulé *Comment devenir parfait en trois jours*, il n'hésite pas. Seulement, les voies de la perfection sont parfois impénétrables…

On découvre le manuel qui conduit à la perfection en même temps que Milo, et l'on s'amuse comme lui des nombreuses vignettes façon BD qui l'émaillent. Désopilant.

*Si vous avez aimé…
vous aimerez*

Dans le même genre
→ Humour
Les Deux Gredins
Roald Dahl
➤ *p. 26*

Sur le même thème
→ Identité
Shola et les Lions
Bernardo Atxaga
➤ *p. 60*

nature-animaux

▶ *Animaux sauvages*

▶ *Contes*

CONTES POUR ENFANTS PAS SAGES

Jacques Prévert / Illustrations de Elsa Henriquez
Folio Cadet / Gallimard Jeunesse

Où l'on apprend pourquoi le Petit Poucet n'a pas retrouvé son chemin à cause d'une autruche trop gourmande ; pourquoi les antilopes sont tristes quand elles voient les humains faire un barbecue ; comment un dromadaire peut mordre un conférencier et se faire traiter de chameau ; en quoi l'éléphant de mer a une façon de s'asseoir supérieure à la nôtre…
Toute l'impertinence et la malice de Prévert dans huit petits contes facétieux qui racontent la vie des bêtes en se moquant de celle des hommes…

Si vous avez aimé… vous aimerez

Dans le même genre
➜ Nature-Animaux
Histoires comme ça
Rudyard Kipling
➤ *p. 34*

Du même auteur
➜ Jacques Prévert
Lettres des îles Baladar
Folio Cadet / Gallimard Jeunesse

histoire

▶ Moyen Âge

▶ Princesse

▶ Peur

facile

COURAGE, TROUILLARD !

Arnaud Alméras / Illustrations de Martin Matje
J'aime lire / Bayard Poche

L'écuyer Trouillard mène une existence paisible
au service du vieux chevalier Du Desclin. Un jour,
ce dernier se met en tête d'aller délivrer la princesse
Aurélie, retenue prisonnière par l'horrible Scarabée
Noir, dans le château aux Mille Pièges. Et voilà
Trouillard parti, bien malgré lui, pour une série
d'aventures terrifiantes…
Fous rires garantis et clins d'œil en cascade.
Une lecture encourageante qui amusera ceux qui
ne se sentent pas trop téméraires.

Si vous avez aimé… vous aimerez

Dans le même genre
→ Histoire
Le Vrai Prince Thibault
Évelyne Brisou-Pellen
➤ p. 64

Sur le même thème
→ Peur
Trouillard !
Thierry Lenain
➤ p. 62

Du même auteur
→ Arnaud Alméras
Mystère et Carabistouilles
J'aime lire / Bayard Poche

policier

▶ *Mensonge*

▶ *Rumeur*

bon lecteur
● ● ○

LE CRIME DE CORNIN BOUCHON

Marie et Joseph
Mini Souris Noire / Syros Jeunesse

Foufouille et son frère, deux enfants de l'Assistance publique, vivent dans leur famille d'accueil. Ils ont un énorme secret : ils ont vu Cornin Bouchon, un vieux voisin grincheux, transporter dans une couverture une petite fille qu'on n'a jamais revue depuis. Mais personne ne veut les croire. Les deux garçons décident d'en avoir le cœur net…
Écrit par un couple qui compte parmi les meilleurs auteurs de la Série Noire, un petit polar au ton juste, très malin, où le mensonge n'est pas forcément là où on le croit…

Dans la même série : Le Nouveau Crime de Cornin Bouchon, Le Mariage de Cornin Bouchon.

Si vous avez aimé…
vous aimerez

Dans le même genre
→ Policier
Pas de pitié pour les poupées B.
Thierry Lenain
➤ p. 52

Du même auteur
→ Marie et Joseph
Le Refuge des p'tits tout seuls
Mini Souris Noire / Syros Jeunesse

très bon lecteur
● ● ●

humour

▶ *Farces*

▶ *Animaux (singes)*

LES DEUX GREDINS

Roald Dahl / Illustrations de Quentin Blake
Folio Junior / Gallimard Jeunesse

Les Gredins forment un couple uni : vieux, laids
et crasseux, ils ne cessent de se jouer de sales tours.
Commère Gredin fourre son œil de verre dans la bière
de compère Gredin, lui prépare des spaghettis aux
asticots ; et lui est capable de glisser une grenouille
dans son lit et de la convaincre qu'elle est atteinte
de ratatinette. Ils ont aussi quatre singes qu'ils obligent
à vivre la tête en bas et qui vont se venger de ce
traitement…
Une magnifique introduction à l'humour noir.

Portrait de l'auteur p. 220.

Si vous avez aimé… vous aimerez

Dans le même genre
→ **Humour**
Journal d'un chat assassin
Anne Fine
➤ *p. 38*

Du même auteur
→ **Roald Dahl**
Fantastique Maître Renard
➤ *p. 29*

humour

▶ *Jeux de langage*

▶ *Famille*

▶ *Livre*

DICO DINGO

Pascal Garnier / Illustrations de Jochen Gerner
Demi-lune / Nathan

Au cours d'une opération acrobatique, le petit Robert (*sic*) fait tomber le dictionnaire. Les mots échappés du livre jonchent le sol dans un joli désordre : il les ramasse à la hâte et les fourre, en vrac, entre les pages. Mais des invités arrivent et son père leur propose de "l'alpaga avec des ampoules farcies et des tranches de Mobylette"…
Une histoire parfaitement loufoque qui séduira tous ceux qui aiment jouer avec la langue et "virguler de la girouette".

Portrait de l'auteur p. 222.

Si vous avez aimé… vous aimerez

Dans le même genre
→ Humour
Le Hollandais sans peine
Marie-Aude Murail
➤ p. 35

Du même auteur
→ Pascal Garnier
Mauvais Reflet
Demi-lune / Nathan

histoire

▶ Moyen Âge

▶ Magie

▶ Dessin

bon lecteur

ÉMILIE ET LE CRAYON MAGIQUE

Henriette Bichonnier / Illustrations de Vincent Penot
Le Livre de Poche Cadet / Hachette Jeunesse

Émilie a trouvé un crayon magique : tout ce que ce crayon dessine devient vrai – les cerises, les brioches, les tigres aussi… Par chance, il est équipé d'une gomme qui permet d'effacer les images trop dangereuses. Comme elle adore le Moyen Âge, Émilie dessine un château fort. Mais l'époque ne s'avère guère accueillante et la petite fille a perdu sa gomme…
Les Visiteurs à l'envers : un récit bref et très original qui permet de se familiariser avec l'Histoire.

Si vous avez aimé... vous aimerez

Dans le même genre
→ Histoire
Courage, Trouillard !
Arnaud Alméras
➤ p. 24

Du même auteur
→ Henriette Bichonnier
Le Monstre poilu
Folio Benjamin / Gallimard Jeunesse

indispensable

nature-animaux

▶ *Animaux (renard)*

▶ *Ruse*

bon lecteur

FANTASTIQUE MAÎTRE RENARD

Roald Dahl / Illustrations de Tony Ross
Folio Cadet / Gallimard Jeunesse

Trois riches fermiers : Boggis, Bunce et Bean, un gros, un petit et un maigre, tous éleveurs de volailles, méchants, vulgaires et bêtes, décident d'avoir la peau de Maître Renard et de sa petite famille. Ceux-ci sont affamés, peut-être, mais aussi très rusés. Les trois fermiers risquent d'attendre longtemps à côté de leur terrier !

Un classique international, à la fois cocasse et tendre. S'il ne fallait lire qu'une seule histoire de renard et de poules, incontestablement, ce serait celle-là.

Portrait de l'auteur p. 220.

*Si vous avez aimé...
vous aimerez*

**Dans le même genre
→ Nature-Animaux**
Le Loup
Marcel Aymé
➤ *p. 41*

**Sur le même thème
→ Ruse**
Le Jongleur le plus maladroit
Évelyne Brisou-Pellen
➤ *p. 37*

**Du même auteur
→ Roald Dahl**
Les Minuscules
➤ *p. 47*

humour

▶ *Enfance*

▶ *Courage*

▶ *Générosité*

très bon lecteur

FIFI BRINDACIER

Astrid Lindgren / Illustrations de Daniel Maja
Le Livre de Poche Cadet / Hachette Jeunesse

Vedette de la littérature enfantine depuis un demi-siècle, Fifi n'a pas pris une ride. Elle est toujours la petite fille la plus forte du monde, circule à cheval, habite la villa "Drôlederepos", est habillée comme l'as de pique et est très très rousse !

Impertinente, généreuse et dégagée de la tutelle parentale (un papa roi des cannibales est forcément très pris), Fifi Brindacier concentre dans son personnage les fantasmes enfantins. Elle donne l'image d'une héroïne dotée d'un moral à toute épreuve. La clef de son succès ?

Si vous avez aimé...
vous aimerez

Sur le même thème
→ **Générosité**
Tistou les pouces verts
Maurice Druon
➤ *p. 132 (dès 9-10 ans)*

Du même auteur
→ **Astrid Lindgren**
Zozo la tornade
*Le Livre de Poche Cadet /
Hachette Jeunesse*

aventure

▶ *Animaux (loup)*

▶ *Forêt*

▶ *Peur*

très bon lecteur
● ● ●

LE FILS DES LOUPS

Alain Surget / Illustrations de Thierry Desailly
Cascade 7-8 / Rageot

Pélot part chercher du bois avec son père avant que la "Bête", qui sème la terreur dans la forêt vosgienne, ne s'approche trop près des habitations. Mais il s'égare, ne retrouve plus son père. La "Bête" est sur ses talons… Il parvient à lui échapper une première fois et, dans sa course, sauve un louveteau.
On croit sentir le souffle de la meute, sa chaleur, entendre ses plaintes dans la forêt. Vivre avec les loups, devenir leur familier, un rêve d'enfant que propose ici un auteur inspiré.

Si vous avez aimé... vous aimerez

Dans le même genre
→ Aventure
Petit Nuage
Michel Piquemal
➤ *p. 54*

Sur le même thème
→ Animaux (loup)
Lola et les Loups
Anne-Marie Pol
Le Livre de Poche Cadet / Hachette Jeunesse

Du même auteur
→ Alain Surget
La Grande Peur d'Halloween
Cascade 7-8 / Rageot

Fanny Joly

Christophe Besse

Fous
de
foot
HUMOUR

casterman
HUIT & PLUS

très bon lecteur
● ● ●

FOUS DE FOOT

Fanny Joly / Illustrations de Christophe Besse
Romans Huit & Plus / Casterman

Sonia est "folle de foot", au point qu'on l'appelle
la "foot-folle". Mais pour entrer au PSG (les "Poussins
de Saint-Grobœuf"), être une fille n'est pas un atout
– c'est ce que lui fait comprendre avec arrogance le
capitaine de l'équipe. Mais il ne connaît pas Sonia.
Elle n'est pas seulement folle de foot, elle est aussi très
têtue…
Un ton enlevé, une gamine dégourdie et une morale
ad hoc : "Il n'y a que les imbéciles qui ne changent
pas d'avis."

Portrait de l'auteur p. 225.

Si vous avez aimé… vous aimerez

Sur le même thème
→ Sports (foot)
Carton rouge
Jacques Venuleth
*Castor Poche Junior /
Flammarion-Père Castor*

Du même auteur
→ Fanny Joly
Drôles de contrôles
J'aime lire / Bayard Poche

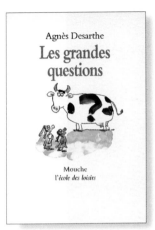

Agnès Desarthe
Les grandes questions

Mouche
l'école des loisirs

c'est la vie

▶ *Amitié*

▶ *Amour*

▶ *Classe verte*

LES GRANDES QUESTIONS

Agnès Desarthe / Illustrations de Véronique Deiss
Mouche / L'école des loisirs

Léna et Samira sont toutes les deux en CE1. Pendant la classe verte, elles n'arrêtent pas de se poser des questions. Peut-on mourir d'amour ? Et d'un rhume de cerveau ? Et en combien de temps ? Et si l'on ne répond pas à un amoureux, est-ce qu'il cesse de vous aimer ? Et surtout… comment répondre à un mot d'amour signé Lionel quand il y a trois Lionel dans la classe ? Autant d'interrogations qui trouveront certainement un écho dans les cours élémentaires. Une lecture drôle et très distrayante.

Portrait de l'auteur p. 221.

Si vous avez aimé…
vous aimerez

Dans le même genre
→ C'est la vie
Même les princesses doivent aller à l'école
Susie Morgenstern
➤ *p. 46*

Du même auteur
→ Agnès Desarthe
La Fête des pères
Mouche / L'école des loisirs

Rudyard Kipling
illustré par Etienne Delessert
Histoires comme ça

FOLIO CADET

nature-animaux

▶ *Animaux sauvages*

▶ *Contes*

bon lecteur
● ● ○

HISTOIRES COMME ÇA

Rudyard Kipling / Illustrations de Etienne Delessert
Folio Cadet / Gallimard Jeunesse

Dans ses petites histoires, à lire avant de s'endormir, Kipling raconte comment la baleine fut saisie de hoquet, pourquoi le papillon tapait du pied, comment le chameau a attrapé sa bosse, le léopard ses taches, l'éléphant sa trompe, pourquoi le kangourou s'est retrouvé en Australie… Et même les débuts de l'alphabet.
Ce merveilleux conteur distille une musique inimitable et des clins d'œil à chaque coin de phrase.

Si vous avez aimé…
vous aimerez

Dans le même genre
→ Nature-Animaux
Petits contes nègres pour les enfants des blancs
Blaise Cendrars
► *p. 55*

Marie-Aude Murail
Le hollandais sans peine

Mouche
l'école des loisirs

humour

▶ *Jeux de langage*

▶ *Vacances*

▶ *Amitié*

bon lecteur

LE HOLLANDAIS SANS PEINE

Marie-Aude Murail / Illustrations de Michel Gay
Mouche / L'école des loisirs

Convaincus des bienfaits du "bain linguistique",
les parents de Jean-Charles décident de passer leurs
vacances dans un camping en Allemagne. Pas vraiment
enchanté, le petit garçon va malgré tout s'y faire un
copain : un petit Hollandais… parce que "Niclausse
gaboum chrouillasse", c'est bien du hollandais, non ?
Désormais un classique du genre, un livre jubilatoire
qui, à la dixième lecture, fait toujours rire. Par l'écrivain
pour la jeunesse le plus lu en France… et peut-être
même en Hollande.

Portrait de l'auteur p. 227.

Si vous avez aimé…
vous aimerez

Dans le même genre
→ Humour
Dico Dingo
Pascal Garnier
➤ *p. 27*

Du même auteur
→ Marie-Aude Murail
Bravo Tristan !
➤ *p. 18*

c'est la vie

▶ Amour

▶ Imagination

▶ Asie

bon lecteur
● ● ○

JE SUIS AMOUREUX D'UN TIGRE

Paul Thiès
Mini Souris Sentiments / Syros Jeunesse

Benjamin, un jeune orphelin asiatique, rencontre Sonoko, une petite Japonaise qui prétend être un tigre et lui raconte, jour après jour, ce qu'elle voit quand elle est un tigre. Pour la séduire, Benjamin décide d'être un lion…
Un concours d'imagination entre deux enfants qui voyagent à travers les mots, les paysages et les objets liés aux traditions japonaises. Tout en tendresse et en douceur, ce petit roman singulier dit que l'aventure est… au coin de la péniche.

*Si vous avez aimé…
vous aimerez*

Dans le même genre
➔ **C'est la vie**
Les Grandes Questions
Agnès Desarthe
➤ *p. 33*

Du même auteur
➔ **Paul Thiès**
Petit Féroce n'a peur de rien
➤ *p. 53*

humour

▶ *Moyen Âge*

▶ *Justice*

▶ *Ruse*

bon lecteur
● ● ○

LE JONGLEUR LE PLUS MALADROIT

Évelyne Brisou-Pellen / Illustrations de Christophe Merlin
Demi-lune / Nathan

Aymeri est jongleur et justicier. Il met à profit une fausse maladresse pour défendre les paysans opprimés et nuire à l'odieux intendant du château. Tout lui échappe des mains : la boule qui assomme cet horrible bonhomme, la torche en feu qui atterrit dans sa capuche, l'œuf qui tombe dans son vin… Mais Aymeri pourra-t-il toujours narguer l'intendant ?
Une lecture facile et un récit très gai, sur le ton de la farce médiévale, pour dire la lutte éternelle des faibles contre les forts.

Portrait de l'auteur p. 219.

Si vous avez aimé... vous aimerez

Dans le même genre
→ Humour
Mais je suis un ours !
Frank Tashlin
➤ *p. 43*

Sur le même thème
→ Ruse
Fantastique Maître Renard
Roald Dahl
➤ *p. 29*

Du même auteur
→ Évelyne Brisou-Pellen
Le Vrai Prince Thibault
➤ *p. 64*

bon lecteur

Anne Fine

Journal d'un chat assassin

Mouche
l'école des loisirs

indispensable

humour

▶ *Animaux (chat)*

▶ *Journal intime*

▶ *Mensonges*

JOURNAL D'UN CHAT ASSASSIN

Anne Fine / Illustrations de Véronique Deiss
Mouche / L'école des loisirs

Tuffy est un chat consciencieux. Il tient un journal où il consigne la liste des oiseaux maladroits venus se jeter dans ses pattes et des souris déjà mortes quand il les a trouvées… Tuffy doit en effet se justifier sans cesse : ses maîtres n'apprécient pas son boulot de chat. Le jour où il rentre avec le lapin des voisins, ça ne s'arrange pas…

Un régal de mauvaise foi, doublé d'un excellent exercice pour les zygomatiques : dix éclats de rire par page garantis. Indispensable en cas de coup de cafard.

Portrait de l'auteur p. 222.

Si vous avez aimé… vous aimerez

Dans le même genre
→ Humour
Les Deux Gredins
Roald Dahl
➤ *p. 26*

Sur le même thème
→ Animaux
Shola et les Lions
Bernardo Atxaga
➤ *p. 60*

Du même auteur
→ Anne Fine
Un ange à la récré
Mouche / L'école des loisirs

c'est la vie

▶ *École*

▶ *Amitié*

▶ *Amour*

▶ *Courage*

facile

JOURNÉE POUBELLE POUR GAËLLE

Jo Hoestlandt / Illustrations de Frédéric Joos
J'aime lire / Bayard Poche

Il y a des jours où il vaudrait mieux ne pas se lever…
À plus forte raison quand se profilent à l'horizon
un contrôle de calcul, une séance de piscine avec un
horrible maître nageur poilu et la raclée promise par
Gaëtan à la récré. Gaëlle a bien envie de se faire porter
pâle ou de faire l'école buissonnière, mais elle finit par
renoncer. Après tout, cette journée ne sera peut-être
pas poubelle ?
Un petit livre à la fois tendre et insolent qui est une
véritable leçon d'optimisme.

*Si vous avez aimé…
vous aimerez*

Dans le même genre
➔ **C'est la vie**
Bravo Tristan !
Marie-Aude Murail
➤ *p. 18*

Du même auteur
➔ **Jo Hoestlandt**
Émile, bille de clown
J'aime lire / Bayard Poche

c'est la vie

▶ *Amitié*

▶ *Séparation*

▶ *École*

très bon lecteur
● ● ●

LILI GRAFFITI

Paula Danziger / Illustrations de Tony Ross
Folio Cadet / Gallimard Jeunesse

Lili Graffiti adore les voyages, surtout ceux qui servent de prétexte aux leçons de monsieur Cohen, son instituteur. Elle adore aussi Justin Morris, son meilleur copain de CE2. Mais elle ne va plus adorer ni les voyages ni Justin quand celui-ci va lui annoncer qu'il déménage pour partir loin, très loin, en Alabama. Et en plus, il n'a même pas l'air triste !
Traitée sur un mode humoristique et chaleureux, la séparation difficile de deux enfants tendres et dégourdis.

Dans la même série : Les Vacances de Lili Graffiti, La Rentrée de Lili Graffiti, Courage Lili Graffiti !, Un Nouvel Ami pour Lili Graffiti, Lili Graffiti voit rouge, Rien ne va plus pour Lili Graffiti.

*Si vous avez aimé…
vous aimerez*

Dans le même genre
→ C'est la vie
**Je suis amoureux
d'un tigre**
Paul Thiès
➤ *p. 36*

Sur le même thème
→ Séparation
**Ben est amoureux
d'Anna**
Peter Härtling
➤ *p. 17*

40

nature-animaux

▶ *Animaux (loup)*

▶ *Peur*

▶ *Bêtises*

bon lecteur

LE LOUP

Marcel Aymé / Illustrations de Roland et Claudine Sabatier
Folio Cadet / Gallimard Jeunesse

Malgré les mises en garde de leurs parents, Delphine
et Marinette brûlent d'envie d'ouvrir la porte au loup.
Pourtant, elles se méfient : après cette histoire de
grand-mère dévorée et de Petit Chaperon rouge,
il n'a pas vraiment bonne réputation. Une fois encore,
le loup va devoir déployer des trésors de persuasion
et, comme il est très motivé, il n'en manque pas…
Un délicieux *Conte du chat perché* avec un loup égal
à lui-même et les très actives Delphine et Marinette,
jamais en retard d'une bêtise !

Si vous avez aimé…
vous aimerez

Dans le même genre
→ Nature-Animaux
Fantastique Maître
Renard
Roald Dahl
➤ *p. 29*

Du même auteur
→ Marcel Aymé
L'Âne et le Cheval
Folio Cadet / Gallimard
Jeunesse

indispensable

c'est la vie

▶ *Différence garçon/fille*

▶ *École*

facile
● ○ ○

MADEMOISELLE ZAZIE A-T-ELLE UN ZIZI ?

Thierry Lenain / Illustrations de Delphine Durand
Première Lune / Nathan

Max croyait que le monde était simple : d'un côté, les Avec-zizi, les costauds, ceux qui dessinent des mammouths et jouent au foot ; de l'autre, les Sans-zizi, qui jouent à la poupée et dessinent "des petites fleurs nunuches". Zazie va saper toutes ses certitudes : elle dessine des mammouths, a un vélo de garçon et joue au foot. Max veut en avoir le cœur net. Une difficile enquête s'engage…
Un livre drôle, délicat, jamais condescendant, à conseiller aux petits garçons.

Portrait de l'auteur p. 226.

*Si vous avez aimé…
vous aimerez*

Dans le même genre
→ **C'est la vie**
Les Grandes Questions
Agnès Desarthe
➤ *p. 33*

Sur le même thème
→ **Différence garçon/fille**
Menu Fille, Menu Garçon
Thierry Lenain
Première Lune / Nathan

Du même auteur
→ **Thierry Lenain**
Vive la France !
Première Lune / Nathan

Frank Tashlin

Mais je suis un ours !

Mouche de poche
l'école des loisirs

humour

▶ *Animaux (ours)*

▶ *Liberté*

▶ *Identité*

MAIS JE SUIS UN OURS !

Écrit et illustré par Frank Tashlin
Mouche / L'école des loisirs

Un ours décide d'hiberner dans une caverne en pleine forêt. Or, à son réveil, au printemps, la forêt s'est transformée en usine… L'ours passe pour un imposteur : un ouvrier paresseux qui refuse de travailler, et vêtu d'un manteau de fourrure en plus ! Au cirque comme au zoo, ses semblables ne le reconnaissent pas. On le ramène à l'usine…
Une fable douce amère, écrite et illustrée en 1946 par Frank Tashlin, un scénariste réputé de comiques burlesques américains.

Si vous avez aimé…
vous aimerez

Dans le même genre
→ Humour
Le Jongleur le plus maladroit
Évelyne Brisou-Pellen
➤ p. 37

Sur le même thème
→ Identité
Le Vrai Prince Thibault
Évelyne Brisou-Pellen
➤ p. 64

Du même auteur
→ Frank Tashlin
L'opossum qui avait l'air triste
Mouche / L'école des loisirs

Brigitte Smadja

Marie est amoureuse

Mouche
l'école des loisirs

bon lecteur
● ● ○

c'est la vie

▶ Amour

▶ Famille

▶ Amitié

MARIE EST AMOUREUSE

Brigitte Smadja / Illustrations de Serge Bloch
Mouche / L'école des loisirs

Maman a prévu une surprise pour l'anniversaire de Marie : elle a invité les copains de sa classe, préparé des beignets… Mais, pour Marie, ce goûter d'anniversaire tourne vite à la torture. Il est cinq heures et Samuel n'est pas là. Samuel, c'est l'amoureux de Marie. Enfin… elle aimerait bien, mais, pour l'instant, c'est encore un secret.

Six ans : premiers émois, premiers désarrois ; le ton est juste, plein de finesse et de retenue. Le genre de roman qui aide à devenir grand.

Portrait de l'auteur p. 228.

Si vous avez aimé…
vous aimerez

Dans le même genre
➔ C'est la vie
Ben est amoureux d'Anna
Peter Härtling
➤ *p. 17*

Du même auteur
➔ Brigitte Smadja
J'ai décidé de m'appeler Dominique
Mouche / L'école des loisirs

COLLECTION J'AIME LIRE

MÉLANIE DANS L'ÎLE

UNE HISTOIRE ÉCRITE
PAR HANS PETERSON
ILLUSTRÉE
PAR METTE IVERS

BAYARD POCHE

aventure

▶ *Île*

▶ *Relation père/fille*

facile

MÉLANIE DANS L'ÎLE

Hans Peterson / Illustrations de Mette Ivers
J'aime lire / Bayard Poche

Mélanie et son papa sont partis en barque explorer la petite île au milieu du lac. Mais le vent détache leur barque et ils se retrouvent bloqués, comme deux Robinsons. L'aventure n'est pas du goût de papa. Mélanie, elle, est ravie : ils vont construire une cabane pour dormir, un radeau pour rentrer… L'essentiel est de ne rencontrer personne qui puisse les aider ! Beaucoup de grâce et d'espièglerie chez cette petite fille qui tient à vivre une aventure "comme dans les livres".

Si vous avez aimé... vous aimerez

Sur le même thème
→ **Relation père/enfant**
Trouillard !
Thierry Lenain
➤ p. 62

Du même auteur
→ **Hans Peterson**
Mélanie et les Pirates
J'aime lire / Bayard Poche

Susie Morgenstern

Même les princesses doivent aller à l'école

Mouche
l'école des loisirs

dès **7-8 ans**

c'est la vie

▶ *École*

▶ *Princesse*

bon lecteur

MÊME LES PRINCESSES DOIVENT ALLER À L'ÉCOLE

Susie Morgenstern / Illustrations de Serge Bloch
Mouche / L'école des loisirs

La princesse Alyestère trouve sa vie monotone :
elle habite un château en ruine, son père est un roi
grognon et sa mère passe son temps à gémir sous
la couette. Un jour, sa famille, désargentée, doit
troquer son château contre une cité HLM. Alyestère
découvre qu'elle aimerait aller à l'école. Mais l'école de
la République implique pas mal de bouleversements
pour une famille princière…
Une histoire qui mêle avec beaucoup de drôlerie la
féerie des contes et les réalités du quotidien.

Portrait de l'auteur p. 226.

Si vous avez aimé… vous aimerez

Dans le même genre
→ C'est la vie
Les Grandes Questions
Agnès Desarthe
➤ *p. 33*

Sur le même thème
→ Princesse et école
**La Belle Lisse Poire
du prince de Motordu**
Pef
➤ *p. 16*

Du même auteur
→ Susie Morgenstern
**Le Fiancé de la
maîtresse**
Mouche / L'école des loisirs

46

dès 7-8 ans

fantastique

▶ *Peur*

▶ *Forêt*

▶ *Secret*

bon lecteur

LES MINUSCULES

Roald Dahl / Illustrations de Patrick Benson
Folio Cadet / Gallimard Jeunesse

Petit Louis est trop curieux. Sa maman lui avait
pourtant raconté des choses terribles sur la Forêt
Interdite. Il n'aurait jamais dû y pénétrer. Maintenant
l'horrible Goinfrognard est à sa poursuite, crachant
une fumée rouge, prêt à le faire griller dans son
ventre-rôtissoire. Par bonheur, Petit Louis va
rencontrer le peuple des Minuscules qu'abritent
les arbres géants de la forêt…
Sous la plume envoûtante de Roald Dahl,
une merveilleuse aventure et un secret à découvrir.

Portrait de l'auteur p. 220.

*Si vous avez aimé…
vous aimerez*

Dans le même genre
→ Fantastique
Romarine
Italo Calvino
➤ *p. 58*

Sur le même thème
→ Secret
**Une marmite
pleine d'or**
Dick King-Smith
*Folio Cadet / Gallimard
Jeunesse*

Du même auteur
→ Roald Dahl
Le Doigt magique
*Folio Cadet / Gallimard
Jeunesse*

COLLECTION J'AIME LIRE

MON COPAIN
BIZARRE

UNE HISTOIRE ÉCRITE
PAR JEAN GUILLORÉ
ILLUSTRÉE
PAR SERGE BLOCH

BAYARD POCHE

science-fiction

▶ Amitié

▶ École

▶ Différence

bon lecteur

MON COPAIN BIZARRE

Jean Guilloré / Illustrations de Serge Bloch
J'aime lire / Bayard Poche

Pas banal le nouveau, avec ses cheveux façon papier alu et son don pour faire léviter les choses et les gens. Mathieu devient son ami. Avoir un copain doté d'un tel pouvoir peut se révéler extrêmement pratique : le stylo corrige de lui-même les fautes ; au foot, le ballon entre tout seul dans les buts et Mathieu devient imbattable à la gym. Un ami comme ça ne devrait jamais partir…
Un joli roman qui nous rassure sur les possibilités d'amitié avec les extraterrestres !

Si vous avez aimé… vous aimerez

Dans le même genre
→ Science-fiction
Le Professeur Cerise
Marie-Hélène Delval
➤ *p. 56*

Sur le même thème
→ Différence
Victor l'enfant sauvage
Marie-Hélène Delval
➤ *p. 63*

Du même auteur
→ Jean Guilloré
Le Voyage de Nicolas
Castor Poche Junior / Flammarion-Père Castor

fantastique

> ▶ Peur

> ▶ Monstre

bon lecteur

UN MONSTRE DANS LA PEAU

Hubert Ben Kemoun / Illustrations de François Roca
Demi-lune / Nathan

Samuel est ravi de découvrir un superbe tatouage de cobra dans sa boîte de céréales. Sur son épaule, ce serpent sera du meilleur effet. Mais, à peine l'a-t-il collé sur sa peau qu'il ressent un drôle de chatouillement : le cobra est vivant ! Désormais, la vie de Samuel dépendra beaucoup, même beaucoup trop, de celle du serpent…
Un récit fantastique, façon thriller, à l'intention des plus jeunes. Après avoir lu pareille histoire, difficile de considérer les tatouages du même œil.

Portrait de l'auteur p. 218.

Si vous avez aimé… vous aimerez

Dans le même genre
➔ Fantastique
Trouillard !
Thierry Lenain
➤ p. 62

Du même auteur
➔ Hubert Ben Kemoun
Le Soir du grand match
Demi-lune / Nathan

indispensable

fantastique

▶ *Peur*

▶ *Bêtises*

▶ *Jouets*

▶ *Jeux de langage*

facile

LE MOT INTERDIT

Nicolas de Hirsching / Illustrations de Jean Claverie
J'aime lire / Bayard Poche

Un jour, par jeu, Thierry décroche le téléphone
et compose un numéro au hasard. Au bout du fil,
il entend une voix lui proposer un drôle de marché :
il recevra gratuitement tous les jouets qu'il désire,
à condition de ne jamais prononcer un mot se
terminant par "eur". Sinon, il sera condamné à rendre
les jouets ou à partir travailler sur une lointaine
planète…
Beaucoup d'imagination et de suspense dans cette
course contre la montre. Après cette lecture, les
enfants ne feront plus jamais de blagues au téléphone !

Si vous avez aimé...
vous aimerez

Sur le même thème
→ Bêtises
Zoé zappe
Pascal Garnier
Demi-lune / Nathan

Du même auteur
→ Nicolas de Hirsching
**Les Cent Mensonges
de Vincent**
J'aime lire / Bayard Poche

policier

▶ *École*

▶ *Magie*

bon lecteur
● ● ○

ON A VOLÉ LE NKORO-NKORO

Thierry Jonquet
Mini Souris Noire / Syros Jeunesse

Marcel et Oumar, les deux cancres "professionnels" de la classe de madame Camife, deviennent premiers du jour au lendemain. Il faut dire qu'ils ont une remarquable antisèche, le Nkoro-Nkoro, une racine de l'arbre-qui-sait-tout, rapportée d'Afrique par le grand-père d'Oumar. Mais la Camife n'est pas dupe. Elle leur confisque la racine pour en faire un usage très personnel…

Beaucoup de malice et d'astuce dans ce mini polar écrit par un spécialiste du genre bien connu des adultes.

Si vous avez aimé… vous aimerez

**Dans le même genre
→ Policier**
Le Chat de Tigali
Didier Daeninckx
➤ *p. 20*

**Sur le même thème
→ Magie**
Émilie et le Crayon magique
Henriette Bichonnier
➤ *p. 28*

Portrait de l'auteur p. 226.

bon lecteur

policier

▶ *École*

▶ *Racisme*

▶ *Amour*

▶ *Bande d'enfants*

PAS DE PITIÉ POUR LES POUPÉES B.

Thierry Lenain
Mini Souris Noire / Syros Jeunesse

Un détraqué s'attaque aux poupées Barbie des filles de la classe. Il leur passe les cheveux à la peinture rouge, leur coupe les bras, les jambes, et plante des épingles dans ce qui reste. Manuel est soupçonné, sous prétexte qu'il a écrasé le camping-car de Barbie avec son ballon de foot. Et pourtant, le coupable pourrait bien être une fille…
Excellente introduction au roman noir, ce polar, qui parle aussi d'amour, décrit les difficultés de l'intégration.

Si vous avez aimé… vous aimerez

Dans le même genre
→ Policier
Le Crime de Cornin Bouchon
Marie et Joseph
➤ *p. 25*

Sur le même thème
→ Racisme
Le Chat de Tigali
Didier Daeninckx
➤ *p. 20*

Du même auteur
→ Thierry Lenain
Trouillard !
➤ *p. 62*

humour

▶ *Préhistoire*

▶ *Animaux*

▶ *Amour*

▶ *Jeux de langage*

très bon lecteur
● ● ●

PETIT FÉROCE N'A PEUR DE RIEN

Paul Thiès / Illustrations de Mérel
Cascade 7-8 / Rageot

Petit Féroce nous raconte sa vie, du temps des terrifianpanthropes et des catastrophopithèques, entre soupe de mammouth et peaux de tigres à dents de sabre. Il a apprivoisé un ronronge, sorte de marsupilami à dents de lapin, et est amoureux de Cerise-qui-mord, la fille du sorcier. De glaglafraises en marmicreux, il lui arrive une foule d'aventures. Heureusement, Petit Féroce n'a peur de rien... Un petit récit plein de tonus et d'humour, où la préhistoire semble plus rigolote que chez Spielberg.

Dans la même série : Petit Féroce deviendra grand, Petit Féroce va à l'école, Petit Féroce champion de la jungle.

Si vous avez aimé... vous aimerez

Dans le même genre
→ **Humour**
Le Hollandais sans peine
Marie-Aude Murail
➤ *p. 35*

Du même auteur
→ **Paul Thiès**
Je suis amoureux d'un tigre
➤ *p. 36*

Michel Piquemal
Jean-Michel Payet

Petit Nuage
AVENTURES

aventure

▶ *Indiens*

▶ *Handicap*

▶ *Différence*

▶ *Animaux (cheval)*

▶ *Mort*

très bon lecteur

PETIT NUAGE

Michel Piquemal / Illustrations de Jean-Michel Payet
Romans Huit & Plus / Casterman

Petit Nuage, de la tribu des Indiens lakotas, n'est pas un garçon comme les autres. Il boite. Dans un monde où l'agilité est la seule richesse, pour chasser ou pour se battre, c'est un gros handicap. Son rêve : apprivoiser un magnifique mustang sauvage qu'il a aperçu dans la prairie. Avant de mourir, sa grand-mère lui demande de ramener ce cheval au village…

Un beau récit qui dit habilement et avec pudeur qu'il est possible de surmonter un handicap tout comme la perte d'un être aimé.

Si vous avez aimé… vous aimerez

Dans le même genre
➜ **Aventure**
Le Fils des loups
Alain Surget
➤ *p. 31*

Sur le même thème
➜ **Indiens et handicap**
L'indien qui ne savait pas courir
Leigh Sauerwein
J'aime lire / Bayard Poche

Du même auteur
➜ **Michel Piquemal**
Un chaton dans la souricière
Mini Souris Noire / Syros Jeunesse

dès 7-8 ans

nature-animaux

▶ *Animaux*

▶ *Afrique*

▶ *Contes*

PETITS CONTES NÈGRES POUR LES ENFANTS DES BLANCS

Blaise Cendrars / Illustrations de Jacqueline Duhême
Folio Cadet / Gallimard Jeunesse

Cendrars raconte aux enfants blancs des histoires
qu'ils ne peuvent pas connaître : celle du caïman
que l'on portait autrefois pour le mettre à l'eau,
du petit poussin devenu roi, de l'oiseau de la cascade,
du vent qui fait tant d'exercice qu'il a toujours faim
et gobe tout ce qui se trouve sur son passage…
Dix courts récits qui parlent de l'Afrique,
de ses animaux, de ses enfants et de ses forêts.
Un ouvrage dans lequel on retrouve toute la sagesse
et la malice des conteurs africains.

Si vous avez aimé…
vous aimerez

Dans le même genre
→ Nature-Animaux
**Contes pour enfants
pas sages**
Jacques Prévert
➤ *p. 23*

science-fiction

▶ Robot

▶ Jeux

bon lecteur
●●○

LE PROFESSEUR CERISE

Marie-Hélène Delval / Illustrations de Serge Bloch
J'aime lire / Bayard Poche

A Loto-Ville, Las Vegas du futur, le professeur Cerise
ne rêve que d'une chose : avoir enfin quelqu'un avec
qui jouer aux jeux "d'avant" comme les cartes, les
dames ou les échecs. Il se fabrique alors un robot-
partenaire de crapette. Mais le redoutable professeur
Saturne veille. Ce robot pourrait lui être fort utile…
Une histoire très morale, où les machines savent
discerner le bien du mal… même s'il leur arrive de
tricher !
Pour une initiation en douceur à la SF.

Portrait de l'auteur p. 220.

Si vous avez aimé…
vous aimerez

Dans le même genre
→ **Science-fiction**
Mon Copain bizarre
Jean Guilloré
➤ *p. 48*

Du même auteur
→ **Marie-Hélène Delval**
Les Sept Sorcières
➤ *p. 59*

FLORENCE CADIER
STÉPHANE GIREL

Qui est
Laurette ?

Laurette

Clara

NATHAN

c'est la vie

❯ *Handicap*

❯ *Amitié*

❯ *Animaux (poney)*

facile

QUI EST LAURETTE ?

Florence Cadier / Illustrations de Stéphane Girel
Première Lune / Nathan

Laurette est une petite fille trisomique. Elle ne va pas
à l'école, mais dans un centre spécialisé. Un jour,
le directeur propose qu'elle se rende une fois par
semaine à l'école du quartier. Et là, Laurette va étonner
tout le monde. Certes, elle ne sait pas lire, mais,
côté poney et clafoutis, elle est imbattable !
Laurette nous raconte elle-même son envie de se
mêler aux autres enfants. Un ton juste et une histoire
pleine de sourires, joli plaidoyer pour l'intégration.

Si vous avez aimé...
vous aimerez

Sur le même thème
→ Handicap
Gaby mon copain
Nicole Schneegans
J'aime lire / Bayard Poche

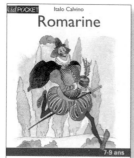

Il était une fois un roi et une reine qui n'avaient pas d'enfants. Un jour que la reine se promenait dans son potager

fantastique

▶ *Contes*

▶ *Princesses*

▶ *Animaux*

très bon lecteur
● ● ●

ROMARINE

Italo Calvino / Illustrations de Morgan
Kid Pocket / Pocket Jeunesse

Une fille qui naît dans un pied de romarin arrosé du lait d'une reine, une oie plus rusée qu'un renard, une princesse qui dort les bras croisés et porte malheur, une enfant vendue à un roi dans un panier de poires et qui finit par épouser un prince, un petit savetier bossu qui vient à bout d'un ogre…
Huit histoires où les cendrillons deviennent des princesses et les malchanceux des héros, huit contes que Calvino tira du folklore populaire italien et adapta à sa manière, insolite et facétieuse.

Si vous avez aimé...
vous aimerez

Dans le même genre
→ **Fantastique**
Les Minuscules
Roald Dahl
➤ *p. 47*

Sur le même thème
→ **Contes**
Histoires comme ça
Rudyard Kipling
➤ *p. 34*

fantastique

❱ *Sorcières*

❱ *Princesses*

LES SEPT SORCIÈRES

Marie-Hélène Delval / Illustrations de Zaü
J'aime lire / Bayard Poche

Tout va mal au royaume de Tracasserie : les bonnes fées ont plié bagage, le roi est fainéant et la reine odieuse. Le jour où naît une petite princesse au lieu du petit prince attendu, ils sont fous de rage et enferment le bébé dans une tour. C'est le moment que choisissent les sept sorcières pour se pencher sur son berceau. Mais elles sont très ennuyées, elles ne savent jeter que des mauvais sorts…
Un petit roman endiablé, où maléfices, charmes et contre-charmes poussent comme des champignons !

Portrait de l'auteur p. 220.

Si vous avez aimé… vous aimerez

Dans le même genre
➜ Fantastique
C'est dur d'être un vampire
Pascale Wrzecz
➤ *p. 19*

Sur le même thème
➜ Sorcières
Les Soeurcières
Roy Apps
Kid Pocket / Pocket Jeunesse

Du même auteur
➜ Marie-Hélène Delval
Victor l'enfant sauvage
➤ *p. 63*

nature-animaux

▶ Animaux
(chien, lion)

▶ Identité

facile

SHOLA ET LES LIONS

Bernardo Atxaga / Illustrations de Mikel Valverde
La Joie de lire

Shola mène une vie tranquille de chienne gâtée et sans complexe jusqu'au jour où son maître reçoit la visite d'un passionné d'Afrique. En l'entendant évoquer ses souvenirs, elle se trouve tout de suite une parenté avec les lions. Elle aussi peut "dépecer un chasseur d'un battement de cils", passer sa journée couchée… Mais quand on veut être un lion, il faut chasser pour se nourrir !
La folie des grandeurs chez un chien de salon tendance Rantanplan. Drôle et attendrissant.

Si vous avez aimé… vous aimerez

Sur le même thème
→ Identité
Comment devenir parfait en trois jours
Stephen Manes
➤ p. 22

Du même auteur
→ Bernardo Atxaga
Shola et les Sangliers
La Joie de lire

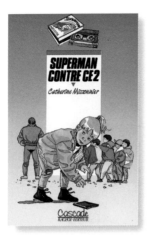

policier

❱ *École*

❱ *Bande d'enfants*

❱ *Espion*

très bon lecteur
●●●

SUPERMAN CONTRE CE2

Catherine Missonnier / Illustrations de Anne Romby
Cascade 7-8 / Rageot

Une école comme les autres dans un paisible village de province et… un nouveau maître, monsieur Marcus. Un maître qui perd un portefeuille contenant de drôles de cartes magnétiques, porte un gilet pare-balles et filme les entrées et sorties d'une société d'électronique sur une cassette de Superman.
Bref, un maître qui a tout d'un espion. Laure, Nicolas, Quentin et leurs copains enquêtent…
Espionnite aiguë chez les CE2 et gros suspense : une histoire facile à lire que l'on n'abandonne pas comme ça !

Portrait de l'auteur p. 226.

Si vous avez aimé… vous aimerez

Dans le même genre
➔ **Policier**
Émile et les Détectives
Erich Kästner
➤ *p. 86 (dès 9-10 ans)*

Sur le même thème
➔ **École et bande d'enfants**
Bravo Tristan !
Marie-Aude Murail
➤ *p. 18*

Du même auteur
➔ **Catherine Missonnier**
Opération caleçon au CE2
Cascade 7-8 / Rageot

bon lecteur
●●○

fantastique

❱ *Peur nocturne*

❱ *Monstre*

❱ *Relation père/fils*

TROUILLARD !

Thierry Lenain / Illustrations de Miles Hyman
Demi-lune / Nathan

Une vieille bicoque délabrée, une chambre sinistre et isolée sous les toits, un paysan très inquiétant et, chaque nuit, un monstre horrible qui sort de derrière une énorme armoire, vient vous souffler dessus et vous promet la mort… Mais tout ça, ce n'est pas le pire : le pire, c'est un papa qui n'arrête pas d'humilier son fils et de le traiter de trouillard.

Un roman très réussi qui allie avec beaucoup d'habileté une atmosphère fantastique et une critique sans appel des pères écrasants.

Portrait de l'auteur p. 226.

Si vous avez aimé…
vous aimerez

Dans le même genre
→ Fantastique
Un monstre dans la peau
Hubert Ben Kemoun
➤ *p. 49*

Sur le même thème
→ Peur nocturne
Ma Victoire sur Cauchemar
Jean-Loup Craipeau
Demi-lune / Nathan

Du même auteur
→ Thierry Lenain
L'Amour hérisson
Demi-lune / Nathan

bon lecteur

histoire

▶ *Différence*

▶ *Histoire vraie*

▶ *Apprentissage*

VICTOR L'ENFANT SAUVAGE

Marie-Hélène Delval / Illustrations de Yves Beaujard
J'aime lire / Bayard Poche

Il y a deux cents ans, dans l'Aveyron, des chasseurs capturent une drôle de proie : un petit garçon qui a grandi seul dans les bois. Il ne parle pas, mange avec les doigts et semble ne sentir ni le chaud ni le froid. Le docteur Itard recueille l'enfant et tente de l'éduquer… Cette histoire authentique a toujours fasciné savants, écrivains et cinéastes. Notamment François Truffaut dont le film peut être introduit par ce livre.

Portrait de l'auteur p. 220.

Si vous avez aimé… vous aimerez

Sur le même thème
→ **Différence**
L'Enfant bleu
Jean-Marc Ligny
J'aime lire / Bayard Poche

Du même auteur
→ **Marie-Hélène Delval**
Le Professeur Cerise
➤ *p. 56*

très bon lecteur
● ● ●

LE VRAI PRINCE THIBAULT

Évelyne Brisou-Pellen / Illustrations de Christophe Besse
Cascade 7-8 / Rageot

Thibault est un prince : sa mère, la reine, est morte
à sa naissance. La nourrice à laquelle on le confie,
et qui vient d'accoucher d'un petit Guillaume, meurt
dans l'incendie de sa maison. On retrouve Thibault
et Guillaume tout nus dans le jardin. Lequel des deux
est donc le prince ? Plus personne n'est capable
de les différencier…
Gags en série et espiègleries en tous genres sont au
menu de cette histoire qui nie astucieusement l'idée
d'une inégalité à la naissance.

Portrait de l'auteur p. 219.

*Si vous avez aimé…
vous aimerez*

Dans le même genre
→ Histoire
Courage, Trouillard !
Arnaud Alméras
➤ *p. 24*

Sur le même thème
→ Identité
Mais je suis un ours !
Frank Tashlin
➤ *p. 43*

Du même auteur
→ Évelyne Brisou-Pellen
**Le Jongleur le plus
maladroit**
➤ *p. 37*

dès **9** ans **10**

jeu
nes
se

fantastique

▶ Merveilles

▶ Animaux

très bon lecteur
● ● ●

ALICE AU PAYS DES MERVEILLES

Lewis Carroll / Illustrations de Sir John Tenniel
Folio Junior / Gallimard Jeunesse

C'est l'été. Assise dans l'herbe, Alice s'abandonne
à ses rêveries quand, soudain, elle voit passer un lapin
blanc qui répète : "Je suis en retard ! Je suis en retard !"
Curieuse, elle le suit et se retrouve dans un étrange
pays, peuplé de fleurs chantantes et de chenilles
sentencieuses, où elle rapetisse, grandit, bavarde
avec un chat qui disparaît à volonté et joue au croquet
avec les figures d'un jeu de cartes…
Un chef-d'œuvre indémodable et une excellente
introduction aux univers virtuels !

Si vous avez aimé… vous aimerez

Dans le même genre
→ **Fantastique**
Peter Pan
James Matthew Barrie
➤ p. 196 (dès 11-12 ans)

Du même auteur
→ **Lewis Carroll**
**Ce qu'Alice trouva
de l'autre côté du
miroir**
*Folio Junior / Gallimard
Jeunesse*

Jack London
L'APPEL
DE LA FORÊT

66 La meute des loups déboucha dans la clairière. Buck, immobile comme un chien de pierre, attendait leur venue. 99

aventure

▶ *Animaux*

(chien, loup)

▶ *Forêt*

▶ *Grand Nord*

très bon lecteur
● ● ●

L'APPEL DE LA FORÊT

Jack London / Illustrations de Tudor BAMUS
Folio Junior / Gallimard Jeunesse

Buck est un chien superbe, qui mène, dit Jack London, "l'existence d'un aristocrate blasé". Jusqu'à cette nuit sinistre, lorsqu'un inconnu le dérobe à ses maîtres afin d'en faire un chien de traîneau. Car, pour les chercheurs d'or du Klondike, le traîneau est le seul moyen de transport possible. Buck va découvrir la violence, la souffrance et le froid. Puis, un jour, plus rien ne le reliera aux hommes, pas même un harnais… Le roman de la vie sauvage, aussi irrésistible que l'appel de la forêt.

Si vous avez aimé… vous aimerez

Dans le même genre
→ Aventure
Un été aux Arpents
Alan Wildsmith
➤ p. 88

Sur le même thème
→ Grand Nord
Kazan
James Oliver Curwood
Le Livre de Poche Junior / Hachette Jeunesse

Du même auteur
→ Jack London
Croc-Blanc
Folio Junior / Gallimard Jeunesse

- D'abord, quand on est un chien trouvé, on ne fait pas de manières ! C'est la Poivrée qui glapit. Elle a une voix terriblement aiguë. Ses

nature-animaux

▶ Animaux (chien)

▶ Famille

▶ Adoption (animaux)

bon lecteur

CABOT-CABOCHE

Daniel Pennac / Illustrations de Catherine Reisser
Pocket Junior / Pocket Jeunesse

Fatigué de sa solitude, "le chien" décide de se trouver des maîtres, des vrais, capables de l'aimer et de s'occuper de lui. C'est alors qu'il rencontre Pomme, une petite fille assez capricieuse, en fait, une vraie cabocharde. Elle l'adopte puis, bizarrement, devient indifférente. Lequel des deux apprivoisera l'autre ? Tout le talent de Pennac pour ceux qui risqueraient d'oublier que "quand on choisit de vivre avec un chien, c'est pour la vie".

Portrait de l'auteur p. 227.

Si vous avez aimé... vous aimerez

Dans le même genre
➜ **Nature-Animaux**
Toufdepoil
Claude Gutman
➤ *p. 133*

Du même auteur
➜ **Daniel Pennac**
Kamo, l'idée du siècle
➤ *p. 103*

FOLIO JUNIOR — ÉDITION SPÉCIALE

Roald Dahl
CHARLIE ET LA CHOCOLATERIE

très bon lecteur
● ● ●

indispensable

c'est la vie

❱ *Famille*

❱ *Grands-parents*

❱ *Gourmandise*

❱ *Pauvreté*

CHARLIE ET LA CHOCOLATERIE

Roald Dahl / Illustrations de Quentin Blake
Folio Junior / Gallimard Jeunesse

Charlie ne rêve que de chocolat, mais son père, visseur de capuchons sur tubes de dentifrice, ne peut lui offrir qu'un bâton de chocolat par an, pour son anniversaire. Un jour, le petit garçon apprend que monsieur Wonka, le directeur de la chocolaterie, invite les cinq enfants qui auront découvert un ticket d'or dans leur barre de chocolat à visiter sa fabrique...
Rivières de chocolat, papiers peints comestibles, bonbons éternels et oreillers en guimauve...
Un savoureux classique de la gastronomie enfantine.

Dans la même série : Charlie et le Grand Ascenseur de verre.

Portrait de l'auteur p. 220.

*Si vous avez aimé...
vous aimerez*

Dans le même genre
➔ C'est la vie
**Lettres d'amour
de 0 à 10**
Susie Morgenstern
➤ *p. 105*

Du même auteur
➔ Roald Dahl
Sacrées Sorcières
➤ *p. 122*

Marie-Hélène Delval
Les chats

BAYARD ÉDITIONS

fantastique

▶ *Animaux (chats)*

▶ *Superstition*

très bon lecteur

LES CHATS

Marie-Hélène Delval
Bayard Éditions

Devant la maison du vieux Da, le grand-père d'adoption de Sébasto, les chats guettent, mystérieux et inquiétants. Des chats noirs aux yeux d'argent, chaque jour plus nombreux, qui se multiplient en buvant le sang des animaux qu'ils égorgent. Ils vont sceller le destin du vieillard…

Un récit satanique, servi par une écriture remarquable, où l'angoisse monte lentement, sans violence, mais avec efficacité. Sans conteste l'un des meilleurs romans fantastiques actuels.

Portrait de l'auteur p. 220.

Si vous avez aimé… vous aimerez

Sur le même thème
→ **Animaux (chats)**
Histoire d'une mouette et du chat qui lui apprit à voler
Luis Sepúlveda
➤ *p. 96*

Du même auteur
→ **Marie-Hélène Delval**
Lettres secrètes
Castor Poche Senior / Flammarion-Père Castor

dès 9-10 ans

POCKET junior
Un chien dans un jeu de quilles
Thierry Lenain

Policier

– Vite, va-t'en le chien, va-t'en !
Trop tard. Le chien a titubé. Il est
tombé. Est-ce qu'il était mort, ou

bon lecteur

policier

▶ *Animaux (chien)*

▶ *Relation père/fille*

▶ *Bande d'enfants*

UN CHIEN DANS UN JEU DE QUILLES

Thierry Lenain
Pocket Junior / Pocket Jeunesse

Carole est enfin parvenue à convaincre son père de recueillir Dag, un chien errant qui s'est pris d'affection pour elle. Mais un soir, celui-ci disparaît. Carole et ses amis ne tardent pas à découvrir qu'il a été enlevé et que, prisonnier dans le chenil d'un laboratoire, il est promis à de cruelles expériences… Un sujet très actuel, beaucoup de justesse dans les rapports qui unissent les personnages : un récit qui ne peut qu'emporter l'adhésion de ses lecteurs.

Portrait de l'auteur p. 226.

Si vous avez aimé… vous aimerez

Sur le même thème
→ **Animaux (chien)**
Cabot-Caboche
Daniel Pennac
➤ *p. 68*

Du même auteur
→ **Thierry Lenain**
L'Étrange madame Mizu
Lune Noire / Nathan

Moka

La chose
qui ne pouvait
pas exister

Neuf de l'école des loisirs

bon lecteur
● ● ●

fantastique

▶ *Bande d'enfants*

▶ *Monstre*

▶ *Mer*

LA CHOSE QUI NE POUVAIT PAS EXISTER

Moka
Neuf / L'école des loisirs

Incendie, intoxication alimentaire, tempête…
Cette croisière en voilier ne risque pas de réconcilier
Lucille avec la mer, d'autant plus que ses compagnons
de galère la soupçonnent d'être à l'origine des
calamités qui s'abattent sur leur embarcation
et la traitent de "porte-poisse". Mais tout cela ne
serait rien encore sans la "chose", une pieuvre
monstrueuse qui dévore tout sur son passage avec
une incroyable cruauté.
Pour ceux qui n'ont pas peur d'avoir peur !

Si vous avez aimé…
vous aimerez

Dans le même genre
→ Fantastique
**L'école qui n'existait
pas**
Gudule
➤ p. 85

Sur le même thème
→ Bande d'enfants, mer
**Les Disparus de Fort
Boyard**
Alain Surget
➤ p. 84

Du même auteur
→ Moka
Williams et Nous
Neuf / L'école des loisirs

science-fiction

◗ *Moyen Âge*

◗ *Loi*

très bon lecteur
● ● ●

LA CITADELLE DU VERTIGE

Alain Grousset / Illustrations de Manchu
Le Livre de Poche Junior / Hachette Jeunesse

Dans la famille de Symon, on est tailleur de pierres
de père en fils. Et on vit au-dessus des nuages,
au sommet d'une interminable cathédrale d'où l'on
ne voit même plus la terre. Symon rêve de descendre,
mais personne n'en a le droit. Lorsque son père
est assassiné, il décide d'emprunter l'escalier interdit
pour percer le mystère de la cathédrale.
Une histoire admirablement construite, un décor
médiéval… et une énorme surprise à la fin !

*Si vous avez aimé…
vous aimerez*

Dans le même genre
→ Science-fiction
La Fille de Terre Deux
Joëlle Wintrebert
➤ *p. 91*

Sur le même thème
→ Moyen Âge
Le Faucon déniché
Jean-Côme Noguès
➤ *p. 89*

Du même auteur
→ Alain Grousset
Les Chasse-marée
*Le Livre de Poche Junior /
Hachette Jeunesse*

bon lecteur

policier

▶ École

▶ Journal de classe

▶ Vocation

▶ Bande d'enfants

LES CM2 À LA UNE

Catherine Missonnier / Illustrations de Michel Riu
Cascade 9-10 / Rageot

Laure, Quentin, Nicolas et les autres, la bande des neuf de *Superman contre CE2*, sont maintenant en CM2 et ont créé un journal de classe. Or, tout bon reporter le sait, pour faire un journal, il faut des scoops et du papier. Côté scoop, ils enquêtent dans une maison de retraite ; côté papier, dans une imprimerie désaffectée. Mais dans un cas comme dans l'autre, leurs investigations ne sont pas du goût de tout le monde…
Beaucoup de dialogues et de suspense : une lecture facile et palpitante.

Portrait de l'auteur p. 226.

Si vous avez aimé… vous aimerez

Dans le même genre
→ Policier
Le Strip-tease de la maîtresse
Yves Pinguilly
➤ p. 130

Du même auteur
→ Catherine Missonnier
Mystère à bord
Cascade 9-10 / Rageot

Anne Fine
Comment écrire
comme un cochon

Neuf de l'école des loisirs

c'est la vie

▶ *Collège*

▶ *Différence*

▶ *Amitié*

bon lecteur

COMMENT ÉCRIRE COMME UN COCHON

Anne Fine
Neuf / L'école des loisirs

Chester n'est pas emballé par cette nouvelle école
peuplée de bons élèves dont l'unique ambition
est d'effacer le tableau pour leurs professeurs.
Heureusement, il y a Joe Gardener, "le plus
phénoménal des cancres", incapable d'aligner
correctement deux lettres, mais incontestablement
surdoué dans la fabrication des tours Eiffel en
spaghettis et des tyrannosaures en bouteilles
en plastique.
Drôle, touchant et juste, un livre à conseiller à ceux qui
se sentent à l'étroit dans le système scolaire.

Portrait de l'auteur p. 222.

Si vous avez aimé...
vous aimerez

Dans le même genre
→ C'est la vie
La Sixième
Susie Morgenstern
➤ *p. 127*

Du même auteur
→ Anne Fine
La Crêpe des champs
Neuf / L'école des loisirs

Dumas et Moissard
Contes à l'envers

Neuf de l'école des loisirs

fantastique

▶ *Contes*

▶ *Parodie*

facile

CONTES À L'ENVERS

Philippe Dumas et Boris Moissard
Neuf / L'école des loisirs

Cinq contes traditionnels mis au goût du jour par un illustrateur et un écrivain facétieux : le Petit Chaperon rouge a viré au bleu marine, la méchante belle-mère de Blanche-Neige est devenue président de la République, le prince charmant est amoureux de la petite reine (son vélo), la belle a le doigt bruyant, quant aux fées, elles peuvent aussi bien être vos voisines de palier. Décidément, tout change… Beaucoup de charme, d'invention et de malice pour une transposition parodique très aboutie.

Si vous avez aimé… vous aimerez

Sur le même thème
→ Contes
Les Contes du miroir
Yak Rivais
Neuf / L'école des loisirs

Du même auteur
→ Philippe Dumas / Boris Moissard
Contes de la tête en plein ciel
Neuf / L'école des loisirs

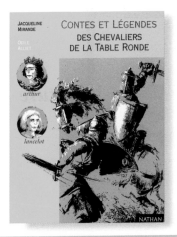

histoire

▶ *Moyen Âge*

▶ *Magie*

▶ *Contes et légendes*

très bon lecteur
● ● ●

CONTES ET LÉGENDES DES CHEVALIERS DE LA TABLE RONDE

Jacqueline Mirande / Illustrations de Odile Alliet
Contes et légendes / Nathan Jeunesse

Arthur, dont la naissance est le fruit d'un étrange marché entre le roi de Grande-Bretagne et Merlin l'Enchanteur, devient roi grâce à Excalibur, l'épée qu'il arrache à la pierre. Il réunit les douze chevaliers les plus valeureux du royaume, parmi lesquels Perceval et Lancelot, et les charge de retrouver le Saint-Graal, la coupe ayant contenu le sang du Christ…
Dans un style clair, une inoubliable plongée dans les récits du Moyen Âge qui mêlent prouesses guerrières et magie.

Si vous avez aimé…
vous aimerez

Dans le même genre
➔ **Histoire**
Le Faucon déniché
Jean-Côme Noguès
➤ *p. 89*

Sur le même thème
➔ **Contes et légendes**
Le Roi Arthur
Michael Morpurgo
Folio Junior/ Gallimard Jeunesse

Du même auteur
➔ **Jacqueline Mirande**
Double Meurtre à l'abbaye
➤ *p. 156 (dès 11-12 ans)*

dès 9-10 ans

nature-animaux

▶ Animaux (ferme)

▶ Solidarité

▶ Contes

facile

LES CONTES ROUGES DU CHAT PERCHÉ

Marcel Aymé / Illustrations de Philippe Dumas
Folio Junior / Gallimard Jeunesse

Ces sept *Contes du chat perché* racontent la complicité entre Delphine et Marinette et les animaux de la ferme. Le cochon retrouve les vaches qu'elles ont perdues, le chat leur épargne une visite chez une vieille tante, le canard les aide à rendre aux bêtes leur taille normale… Écrits "pour les enfants âgés de quatre à soixante-quinze ans", ces contes pleins de cocasserie et de poésie mettent en scène des animaux qui parlent comme des humains, mais font souvent preuve de la sagesse qui leur manque.

Dans la même série : Les Contes bleus du chat perché.

Si vous avez aimé… vous aimerez

Dans le même genre
→ **Nature-Animaux**
Histoire d'une mouette et du chat qui lui apprit à voler
Luis Sepúlveda
➤ p. 96

Du même auteur
→ **Marcel Aymé**
Les Bottes de sept lieues et autres nouvelles
Folio Junior / Gallimard Jeunesse

fantastique

▶ *Quête*

▶ *Princesses*

▶ *Magie*

bon lecteur
● ● ●

LA COURONNE D'ARGENT

Robert C. O'Brien
Neuf / L'école des loisirs

Ellen a toujours su qu'elle serait reine. La preuve :
le jour de ses dix ans, elle trouve sur son oreiller
une couronne d'argent aux étranges pouvoirs.
Dans les heures qui suivent, toute sa famille disparaît
dans un incendie. Devenue orpheline, elle décide
de se rendre chez sa tante, à plusieurs centaines
de kilomètres. Un long voyage qui se transforme vite
en une hallucinante course-poursuite…
Un magnifique récit initiatique qui marie
harmonieusement l'atmosphère du rêve et du conte
fantastique.

Si vous avez aimé…
vous aimerez

Dans le même genre
→ Fantastique
Le Grimoire
d'Arkandias
Éric Boisset
➤ *p. 92*

humour

▶ *Vampire*

▶ *Vacances*

▶ *Famille*

facile
●●●

LE DERNIER DES VAMPIRES

Willis Hall / Illustrations de Babette Cole
Castor Poche Junior / Flammarion-Père Castor

Pour la première fois, la famille Hollins traverse la Manche pour passer les vacances sur le continent. Peu douée pour la lecture des cartes, elle s'égare et plante la tente au pied du château d'Alucard, ultime descendant des Dracula. Mais, comme son nom l'indique, Alucard est un Dracula à l'envers : végétarien, il raffole des oranges…

Comment être un vampire quand on n'a pas la vocation. L'antidote aux polars gothiques : pour hululer de rire dans son lit et ne plus jamais craindre les vampires.

Si vous avez aimé… vous aimerez

Dans le même genre
→ **Humour**
Verte
Marie Desplechin
➤ *p. 137*

Sur le même thème
→ **Vampire**
Je m'appelle Dracula
Olivier Cohen
Je bouquine / Bayard Poche

Du même auteur
→ **Willis Hall**
La Vengeance du vampire
Castor Poche Junior / Flammarion-Père Castor

80

Nancy Springer

Deux filles pour un cheval

CASTOR POCHE
Flammarion

c'est la vie

❱ *Racisme*

❱ *Animaux (cheval)*

❱ *Amitié*

facile

DEUX FILLES POUR UN CHEVAL

Nancy Springer / Illustrations de Christine Flament
Castor Poche Junior / Flammarion -Père Castor

Une nouvelle famille vient d'emménager près de chez Jenny : une famille noire avec une fille de son âge, Shanterey. Les deux fillettes se découvrent une passion commune pour les chevaux. Un voisin propose à Jenny de monter son cheval, en revanche il ne veut pas de "négresse sur ses terres". Pour Jenny comme pour Shanterey, l'amitié devient une lutte de chaque instant…
Rien d'édulcoré dans la cruauté des réflexions des enfants comme des adultes. Et l'union sacrée autour d'un cheval.

Si vous avez aimé… vous aimerez

Dans le même genre
→ **C'est la vie**
Une difficile amitié
Marilyn Sachs
➤ *p. 83*

Sur le même thème
→ **Racisme**
Léon
L.W. Tillage
Neuf / L'école des loisirs

Du même auteur
→ **Nancy Springer**
Un amour de cheval
*Castor Poche Junior /
Flammarion-Père Castor*

c'est la vie

▶ Divorce

▶ Jumelles

▶ Farce

bon lecteur
● ● ○

DEUX POUR UNE

Erich Kästner / Illustrations de Boiry
Le Livre de Poche Junior / Hachette Jeunesse

Lotte et Louise se rencontrent par hasard dans une colonie de vacances. Elles ne se connaissent pas. Lotte habite Munich, en Allemagne, et Louise, Vienne, en Autriche. Pourtant, elles se ressemblent comme deux gouttes d'eau. Quand elles découvrent qu'elles sont sœurs jumelles, elles décident d'échanger leurs vies… Leurs parents s'apercevront-ils de quelque chose ?
Un récit charmant, un suspense abouti et une grande finesse dans la revanche de ces fillettes séparées par leurs parents.

Si vous avez aimé… vous aimerez

Dans le même genre
→ C'est la vie
Les Joues roses
Malika Ferdjoukh
➤ p. 100

Sur le même thème
→ Jumelles
À nous deux
Jacqueline Wilson
Folio Junior / Gallimard Jeunesse

Du même auteur
→ Erich Kästner
Émile et les Détectives
➤ p. 86

Marilyn Sachs

Une difficile amitié

CASTOR POCHE
Flammarion

c'est la vie

▶ Amitié

▶ Famille

▶ Antisémitisme

▶ Intolérance

très bon lecteur
●●●

UNE DIFFICILE AMITIÉ

Marilyn Sachs / Illustrations de Yves Beaujard
Castor Poche Junior / Flammarion-Père Castor

Peter se lie d'amitié avec Veronica, une grande perche plutôt garçon manqué, championne de patins à roulettes. Mais ses copains n'aiment pas Veronica qu'ils traitent de "brute en jupon".

La mère de Peter n'aime pas la jeune fille parce que cette "sauvageonne" n'est pas juive et la mère de Veronica n'aime pas Peter… précisément parce qu'il est juif.

Un livre qu'on peut lire et relire en lui découvrant, chaque fois, une nouvelle dimension et une invitation à réfléchir sur l'amitié et ses enjeux.

Si vous avez aimé… vous aimerez

Dans le même genre
→ C'est la vie
Deux Filles pour un cheval
Nancy Springer
➤ p. 81

Du même auteur
→ Marilyn Sachs
Les Retrouvailles
Castor Poche Senior / Flammarion-Père Castor

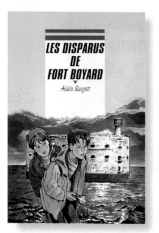

policier

▶ *Bande d'enfants*

▶ *Mer*

▶ *Jeux télévisés*

▶ *Disparition*

bon lecteur
●●○

LES DISPARUS DE FORT BOYARD

Alain Surget / Illustrations de Emmanuel Cerisier
Cascade 9-10 / Rageot

En plein jeu télévisé, trois candidats disparaissent mystérieusement dans Fort Boyard. Le lendemain, Damien, Jérôme et Émile aperçoivent une étrange lumière sur les murs de la forteresse. Ils connaissent bien cet îlot face à Oléron et se lancent à la recherche des disparus. Araignées, serpents et autres bestioles vedettes de l'émission ne sont rien en comparaison de ce qu'ils vont découvrir…
De jeunes détectives qui n'ont pas froid aux yeux pour lecteurs friands d'aventure et de suspense.

Si vous avez aimé… vous aimerez

Dans le même genre
→ **Policier**
Le professeur a disparu
Jean-Philippe Arrou-Vignod
➤ *p. 120*

Sur le même thème
→ **Bande d'enfants**
Mystère à Carnac
Michel-Aimé Baudouy
Cascade 9-10 / Rageot

Du même auteur
→ **Alain Surget**
L'Œil d'Horus
Castor Poche Senior / Flammarion-Père Castor

fantastique

> ▶ École
>
> ▶ Pension
>
> ▶ Robots

facile
● ○ ○

L'ÉCOLE QUI N'EXISTAIT PAS

Gudule / Illustrations de Christophe Durual
Lune Noire / Nathan

Depuis que sa mère est partie, Mickette ne fait plus rien à l'école. Son père décide de sévir et l'inscrit à la pension Suave, "Institut pour jeunes filles".
La directrice est une horrible vieille pie qui ne supporte pas les jeans troués. Quant à ses nouvelles camarades, elles ont l'air parfaites : studieuses, sages, obéissantes. Elles n'ont même pas envie de savoir ce que cache la "zone interdite"…
Un livre qui se lit facilement et qui réconfortera tous ceux qui ne se sentent pas exemplaires.

Portrait de l'auteur p. 223.

Si vous avez aimé… vous aimerez

Dans le même genre
→ Fantastique
Mon prof est un extraterrestre
Bruce Coville
➤ p. 113

Du même auteur
→ Gudule
Destination Cauchemar
Lune Noire / Nathan

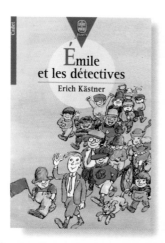

Cadet

Émile
et les détectives
Erich Kästner

LE LIVRE DE POCHE JEUNESSE

policier

▸ *Voyage*

▸ *Bande d'enfants*

▸ *Berlin*

facile
● ● ●

ÉMILE ET LES DÉTECTIVES

Erich Kästner / Illustrations de Daniel Maja
Le Livre de Poche Cadet / Hachette Jeunesse

Pour la première fois, Émile prend le train seul,
destination Berlin. Sa mère lui a confié de l'argent pour
sa grand-mère. Dans le compartiment, il rencontre
un individu étrange. En dépit de ses efforts pour rester
éveillé, il s'endort. À son réveil, l'argent a disparu.
Pour rattraper son voleur, Émile va bénéficier de la
complicité d'une bande d'enfants particulièrement
débrouillards…
Un roman qui, depuis bientôt soixante-dix ans, n'a rien
perdu de son charme et tient toujours ses lecteurs
en haleine.

*Si vous avez aimé…
vous aimerez*

Dans le même genre
→ Policier
**Sans Atout et le
Cheval fantôme**
Boileau-Narcejac
➤ *p. 123*

Du même auteur
→ Erich Kästner
Deux pour une
➤ *p. 82*

Marie Desplechin
Et Dieu dans tout ça ?

Neuf de l'école des loisirs

c'est la vie

❱ Famille

❱ Religion

bon lecteur

ET DIEU DANS TOUT ÇA ?

Marie Desplechin
Neuf / L'école des loisirs

Henri a dix ans et se pose une foule de questions sur le big-bang, les dinosaures… sur Dieu aussi. Perplexe, il interroge les adultes de son entourage, les croyants et les autres. Dieu existe-t-il ? La prière peut-elle apporter de meilleures notes en dictée ?
Les explications qu'il obtient ne sont pas forcément à la hauteur de ses attentes…
Un ton personnel et drôle qui ne peut manquer de faire écho. Les grands ont-ils toujours les bonnes réponses ? Voire des réponses tout court ?

Portrait de l'auteur p. 221.

*Si vous avez aimé…
vous aimerez*

Dans le même genre
➔ **C'est la vie**
Faustine et le Souvenir
Sandrine Pernusch
➤ *p. 90*

Sur le même thème
➔ **Religion**
**Maxime fait
des miracles**
Brigitte Smadja
Neuf / L'école des loisirs

Du même auteur
➔ **Marie Desplechin**
**Une vague d'amour
sur un lac d'amitié**
Neuf / L'école des loisirs

187

Alan Wildsmith

Un été aux Arpents

CASTOR POCHE
Flammarion

aventure

▶ Famille

▶ Forêt

▶ Indien

facile

UN ÉTÉ AUX ARPENTS

Alan Wildsmith / Illustrations de Yves Beaujard
Castor Poche Junior / Flammarion -Père Castor

Les parents de John, David et Paula décident de quitter
la ville pour s'installer en pleine forêt canadienne.
Au fond de leur terrain des Arpents : une vieille cabane
en rondins. La propriété est inhabitée depuis deux ans.
Alors, pourquoi ces braises dans la cheminée, ces
empreintes de pas et, chaque nuit, le son sourd et de
plus en plus proche d'un tam-tam ?
L'histoire d'une amitié entre trois "visages pâles"
et un Indien, mais aussi un chant d'amour dédié
à la nature et aux chasses au trésor de l'enfance.

*Dans la même série : Un hiver aux Arpents, Les Arpents sur le
sentier de la guerre.*

Si vous avez aimé...
vous aimerez

Dans le même genre
→ Aventure
L'Appel de la forêt
Jack London
➤ *p. 67*

Sur le même thème
→ Indien
L'Indien du placard
Lynne Reid Banks
➤ *p. 99*

histoire

▶ *Moyen Âge*

▶ *Animaux (oiseau)*

▶ *Loi*

bon lecteur
● ● ●

LE FAUCON DÉNICHÉ

Jean-Côme Noguès / Illustrations de Chantal Cazin
Le Livre de Poche Junior / Hachette Jeunesse

Né dans une famille de "manants", Martin n'a pas le droit d'avoir un faucon, privilège réservé au seigneur. Il décide d'enfermer son oiseau dans une cage qu'il dissimule dans une maison abandonnée. Mais, un soir, démasqué par le fauconnier, il se retrouve en prison… Centré sur la relation entre l'enfant et l'oiseau, le livre met en scène à la fois une question propre à la société médiévale – celle du privilège de la chasse, et une question intemporelle : doit-on respecter une loi inique ?

Si vous avez aimé… vous aimerez

Dans le même genre
→ Histoire
Contes et Légendes des chevaliers de la Table Ronde
Jacqueline Mirande
➤ *p. 77*

Sur le même thème
→ Moyen Âge
La Citadelle du vertige
Alain Grousset
➤ *p. 73*

Du même auteur
→ Jean-Côme Noguès
Le Vœu du paon
Folio Junior / Gallimard Jeunesse

Sandrine Pernusch
Ginette Hoffmann

Faustine et le souvenir

COMME LA VIE

romans
casterman
HUIT & PLUS

bon lecteur
● ● ●

c'est la vie

❯ *Mort*

❯ *Grands-parents*

FAUSTINE ET LE SOUVENIR

Sandrine Pernusch / Illustrations de Ginette Hoffmann
Romans Huit & Plus / Casterman

Les grands-parents de Faustine viennent d'emménager,
face au cimetière, dans une maison que ses parents
trouvent macabre. La petite fille demande
pourquoi, pose des questions sur la mort puis,
confrontée à la mauvaise volonté de ses parents,
interroge son grand-père. Il emmène Faustine
au cimetière et lui apprend à se souvenir…
Un de ces livres rares qui osent parler de la mort sans
tabou ni honte, mais avec naturel. Un roman généreux
pour appréhender sereinement un sujet difficile.

Si vous avez aimé… vous aimerez

Dans le même genre
→ C'est la vie
Et Dieu dans tout ça ?
Marie Desplechin
➤ *p. 87*

Du même auteur
→ Sandrine Pernusch
Mon Je-Me-Parle
Romans Huit & Plus / Casterman

Joëlle Wintrebert

La fille
de Terre
Deux

CASTOR POCHE
Flammarion

bon lecteur

science-fiction

❱ _Amitié_

❱ _Jumelles_

❱ _Complexes_

LA FILLE DE TERRE DEUX

Joëlle Wintrebert / Illustrations de Sylvain Savoia
Castor Poche Junior / Flammarion-Père Castor

Sylvie est une gourmande qui connaît le sort
de beaucoup de gourmandes : l'inflation des kilos…
Un jour, elle rencontre son double, Evilys, qu'elle seule
peut voir. Celle-ci vient de la planète Terre Deux et
ne peut plus y retourner car elle ne passe pas par
la porte entre les deux mondes…
Ce court roman a une façon d'aborder les complexes
qui les fera immédiatement disparaître !

_Si vous avez aimé…
vous aimerez_

Dans le même genre
→ **Science-fiction**
**Kerri et Mégane :
les Mange-Forêts**
Kim Aldany
➤ _p. 104_

Sur le même thème
→ **Jumelles**
Deux pour une
Erich Kästner
➤ _p. 82_

Du même auteur
→ **Joëlle Wintrebert**
**Les Ouraniens
de Brume**
Pleine Lune / Nathan

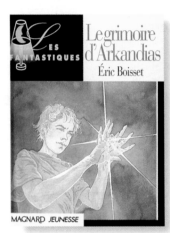

indispensable

fantastique

▶ *Amitié*

▶ *Magie*

LE GRIMOIRE D'ARKANDIAS

Éric Boisset
Les Fantastiques / Magnard Jeunesse

Théophile et Bonaventure découvrent à la bibliothèque un livre intitulé *Leçons pratiques de magie rouge.* Celui-ci contient une recette pour se rendre invisible : il suffit de trouver des fientes fraîches de pigeon ramier, un œuf punais, un dé à coudre de sang de poule noire et quelques autres ingrédients indisponibles au supermarché. Les deux garçons réussissent leur tour de magie, mais Théophile, piégé, reste invisible…
Suspense et sorcellerie au programme de ce roman qui promet de longues heures de plaisir.

Dans la même série : Arkandias contre-attaque, Le Sarcophage d'Outretemps.

Si vous avez aimé… vous aimerez

Dans le même genre
→ Fantastique
L'Indien du placard
Lynne Reid Banks
➤ *p. 99*

Du même auteur
→ Éric Boisset
Nicostratos
➤ *p. 187 (dès 11-12 ans)*

humour

- ▶ *Animaux (hamster)*
- ▶ *Mensonges*
- ▶ *Famille*
- ▶ *Relation frère/sœur*

bon lecteur

HAMSTERREUR

Fanny Joly
Passion de lire-Délires / Bayard Poche

Les parents de Dimitri refusent catégoriquement
d'avoir un animal à la maison. Le petit garçon est
désespéré. Attendrie, sa grande sœur Julie lui procure
un hamster qu'il baptise Hamsterreur. Pour faire
admettre sa présence, Dimitri va devoir faire preuve
d'imagination et déployer une véritable batterie
de mensonges…
L'histoire du hamster "prêté par la prof de biologie
pendant ses travaux" est si énorme qu'elle paraît
authentique. Gros mensonges et cachotteries :
les parents en voient de toutes les couleurs…

Portrait de l'auteur p. 225.

*Si vous avez aimé…
vous aimerez*

Du même auteur
→ **Fanny Joly**
**Sale Temps pour la
maîtresse**
Passion de lire / Bayard Poche

humour

▶ *Animaux
(perroquet)*

▶ *Famille*

▶ *Amitié*

Dick King-Smith
HARRY EST FOU

facile
● ○ ○

HARRY EST FOU

Dick King-Smith / Illustrations de Jill Bennett
Folio Junior / Gallimard Jeunesse

Harry ne s'attendait pas à ça : son oncle lui a légué
Madison, un perroquet gris quadragénaire pas très
esthétique. Pourtant, celui-ci va révolutionner sa vie.
Il répond au téléphone, est imbattable au Monopoly,
incollable en grammaire et expert en pâtisserie. Inutile
de préciser qu'il parle comme un livre, ce qui va causer
quelques soucis au cambrioleur qui va le kidnapper…
Beaucoup de punch chez cet étonnant volatile
créé par l'auteur de *Babe*. Une histoire d'animaux
particulièrement réussie.

*Si vous avez aimé…
vous aimerez*

Dans le même genre
→ Humour
Le Môme en conserve
Christine Nöstlinger
➤ *p. 111*

Du même auteur
→ Dick King-Smith
Le Nez de la reine
*Folio Junior / Gallimard
Jeunesse*

humour

▶ *Justice*

▶ *Grands-parents*

▶ *Générosité*

▶ *École*

bon lecteur

HARRY ET LES VIEILLES POMMES

Alan Temperley
Vertige Fou Rire / Hachette Jeunesse

Harry est délivré de la férule de sa gouvernante
– une Cruella qu'il a surnommée Lolo Gestapo – par
ses deux vieilles tantes excentriques, Florrie et Bridget.
Il découvre alors une liberté paradisiaque… doublée
de quelques surprises : les aïeules sont à la tête d'un
gang de retraités qui opèrent à la manière de Robins
des Bois des Temps modernes…
Un art de la comédie consommé et un style coloré
qui fait naître une foule d'images dans la tête.
Du meilleur loufoque !

*Si vous avez aimé…
vous aimerez*

Dans le même genre
➔ Humour
Matilda
Roald Dahl
➤ *p. 110*

indispensable

nature-animaux

▶ Animaux (mouette, chat)

▶ Apprentissage

▶ Générosité

très bon lecteur
● ● ●

HISTOIRE D'UNE MOUETTE ET DU CHAT QUI LUI APPRIT À VOLER

Luis Sepúlveda / Illustrations de Miles Hyman
Métailié / Seuil

Une mouette mazoutée atterrit sur un balcon et, avant de mourir, confie l'œuf qu'elle vient de pondre à Zorbas, le chat de la maison. Il lui fait la promesse solennelle de protéger Afortunada, le poussin orphelin, et de lui apprendre à voler… Plutôt embarrassé par cette mission insolite, le matou va s'en acquitter avec l'aide des autres chats du port.
Un ouvrage attachant, mêlant tendresse et humour, et qui, en quatre ans, est déjà devenu un classique : d'ailleurs, on vient d'en tirer un dessin animé.

Si vous avez aimé… vous aimerez

Dans le même genre
→ Nature-Animaux
L'Œil du loup
Daniel Pennac
➤ *p. 114*

Du même auteur
→ Luis Sepúlveda
Le Monde du bout du monde
Métailié / Seuil

humour

▶ *Nouvelles*

très bon lecteur
● ● ●

HISTOIRES PRESSÉES

Bernard Friot
Milan Poche Junior

Trente-six récits pour voir trente-six chandelles.
Des histoires très courtes où l'absurde le dispute
au paradoxe, l'insolite à la fantaisie : conversation
dans le bac à légumes entre une golden et une pomme
de terre, pensées d'une image qu'un enfant laisse
s'envoler ou bien tranches de vie…
Un recueil de nouvelles où le quotidien dérape
souvent dans l'irréel : du rire mais aussi beaucoup
d'émotion en perspective.

*Si vous avez aimé…
vous aimerez*

Du même auteur
➔ Bernard Friot
**Nouvelles Histoires
pressées**
Milan Poche Junior

Jean Giono
illustré par Willi Glasauer

L'homme
qui plantait
des arbres

FOLIO CADET

nature-animaux

▶ Animaux

▶ Écologie

▶ Histoire vraie

▶ Générosité

bon lecteur
● ● ●

L'HOMME QUI PLANTAIT DES ARBRES

Jean Giono / Illustrations de Willi Glasauer
Folio Cadet / Gallimard Jeunesse

L'histoire d'Elzéard Bouffier, un berger solitaire qui, au début du siècle, passa sa vie à planter des glands en Haute Provence afin que sa région retrouve verdure et fraîcheur. Bien des années après, l'administration se demanda comment une si belle forêt de chênes avait pu pousser toute seule…

Pour découvrir Giono, son amour des arbres et de la Provence, à travers un hommage à un amoureux de la nature. Un livre à savourer comme une bouffée d'air pur.

*Si vous avez aimé…
vous aimerez*

Dans le même genre
→ **Nature-Animaux**
Voyage au pays des arbres
J.M.G. Le Clézio
➤ *p. 138*

Sur le même thème
→ **Écologie**
**Kerri et Mégane :
les Mange-Forêts**
Kim Aldany
➤ *p. 104*

Du même auteur
→ **Jean Giono**
**Le petit garçon qui
avait envie d'espace**
*Folio Cadet / Gallimard
Jeunesse*

fantastique

▶ *Indien*

▶ *Amitié*

▶ *Responsabilités*

▶ *Jouets*

bon lecteur
● ● ○

L'INDIEN DU PLACARD

Lynne Reid Banks
Neuf / L'école des loisirs

Pour son anniversaire, on offre à Omri une figurine en plastique représentant un Indien. Le lendemain, Petit Taureau a pris vie ! Il est même très vivant : insolent, exigeant, susceptible… doté, pour tout dire, d'un sale caractère. Celui-ci ne s'améliore pas avec l'arrivée d'un cow-boy lui aussi très vivant !
La fable d'un enfant qui devient responsable d'un être aux yeux duquel il est un géant.
De cette responsabilité nouvelle, naît la maturité… et le plaisir du lecteur.

Dans la même série : Le Retour de l'Indien.

Si vous avez aimé… vous aimerez

Dans le même genre
→ **Fantastique**
Le Grimoire d'Arkandias
Éric Boisset
➤ *p. 92*

Sur le même thème
→ **Indien**
Une jument extraordinaire
Joyce Rockwood
➤ *p. 102*

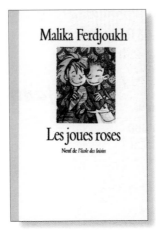

Malika Ferdjoukh

Les joues roses

Neuf de l'école des loisirs

c'est la vie

> ▶ Famille
> ▶ Amour
> ▶ Divorce
> ▶ Relation père/fils

bon lecteur

LES JOUES ROSES

Malika Ferdjoukh
Neuf / L'école des loisirs

Julius vit seul avec son père, un professeur Nimbus
qui ne lâche son travail que pour laisser brûler le café
ou inonder les voisins. Julius en a assez. Il veut mettre
un terme à sa carrière de fée du logis. Son amie Elsa lui
conseille de trouver une femme à son père. Impossible
de se tromper : si la candidate a les joues roses
en entendant prononcer son nom, c'est qu'elle est
amoureuse…
Beaucoup de finesse, de fantaisie et de rythme dans
ce roman où les enfants essaient de devenir de grands
manipulateurs.

Portrait de l'auteur p. 221.

Si vous avez aimé... vous aimerez

Dans le même genre
→ C'est la vie
Deux pour une
Erich Kästner
➤ p. 82

Sur le même thème
→ Divorce
La Petite Annonce
Brigitte Peskine
Neuf / L'école des loisirs

Du même auteur
→ Malika Ferdjoukh
Le Mystère de Greenwood
Envol / Bayard Poche

c'est la vie

▶ *Journal intime*

▶ *Relation entre sœurs*

▶ *Amour*

▶ *Amitié*

▶ *Complexes*

bon lecteur

LE JOURNAL SECRET DE MARINE

Sandrine Pernusch / Illustrations de Françoise Deau
Cascade 9-10 / Rageot

Olga ne supporte pas sa grande sœur Marine. L'idée de rester seule avec elle et leur frère Thomas pendant les quelques jours d'absence de leurs parents est un calvaire. Mais Marine a une drôle d'attitude : elle ne mange pas, est irritable, semble ne rien voir de ce qui se passe autour d'elle. Le jour où Olga découvre son journal intime, elle comprend…

Sandrine Pernusch peint ici le tableau authentique de l'adolescence où amies et amour sont au cœur de la vie.

Si vous avez aimé… vous aimerez

Dans le même genre
➔ C'est la vie
La Prédiction de Nadia
Marie Desplechin
➤ *p. 118*

Du même auteur
➔ Sandrine Pernusch
On t'aime Charlotte
Cascade 9-10 / Rageot

Joyce Rockwood

Une jument extraordinaire

CASTOR POCHE
Flammarion

nature-animaux

▶ Animaux (cheval)

▶ Indien

très bon lecteur
● ● ●

UNE JUMENT EXTRAORDINAIRE

Joyce Rockwood / Illustrations de Vincent Rio
Castor Poche Junior / Flammarion-Père Castor

Écureuil est un jeune Cherokee. Dans sa tribu, tout le monde se moque de Minuit, sa jument. Il ne cesse pourtant de répéter à qui veut l'entendre qu'elle est extraordinaire, mais sans expliquer pourquoi. Un soir, un Indien creek lui vole Minuit. Les hommes de la tribu refusent d'aller la reprendre. Écureuil décide alors d'y aller seul. Mais à onze ans, partir chercher son cheval dans un village ennemi n'est pas une mince affaire…
A conseiller à tous les amoureux des chevaux, des Indiens et… du suspense.

Si vous avez aimé… vous aimerez

Dans le même genre
→ **Nature-Animaux**
Le Libre Galop des pottoks
Résie Pouyanne
► *p. 107*

Du même auteur
→ **Joyce Rockwood**
L'Injure au soleil
Castor Poche Senior / Flammarion-Père Castor

humour

▶ *Entrée en sixième*

facile
●○○

KAMO L'IDÉE DU SIÈCLE

Daniel Pennac / Illustrations de Jean-Philippe Chabot
Folio Junior / Gallimard Jeunesse

La grande question, à la veille d'entrer au collège, c'est comment se débrouiller de tous ces profs qui vont remplacer l'instituteur. Pour y répondre, Kamo a "l'idée du siècle" : demander à monsieur Margerelle, "instit' bien-aimé" du CM2, d'interpréter successivement le rôle de plusieurs d'entre eux (prof de français, de maths, d'anglais…). Monsieur Margerelle s'exécute, à ses risques et périls… Cocasse et bourré de clins d'œil, ce roman fait de l'entrée en sixième une promenade de santé.

Dans la même série : Kamo, l'agence Babel, L'Évasion de Kamo, Kamo et Moi.

Portrait de l'auteur p. 227.

Si vous avez aimé… vous aimerez

Dans le même genre
→ **Humour**
Matilda
Roald Dahl
➤ *p. 110*

Sur le même thème
→ **Entrée en sixième**
La Sixième
Susie Morgenstern
➤ *p. 127*

Du même auteur
→ **Daniel Pennac**
L'Œil du loup
➤ *p. 114*

KIM ALDANY

PHILIPPE MUNCH

KERRI ET MÉGANE
LES MANGE-FORÊTS

EINSTEIN

POCK

NATHAN

facile

science-fiction

▶ *Écologie*

▶ *Forêt*

▶ *Amitié*

KERRI ET MÉGANE : LES MANGE-FORÊTS

Kim Aldany / Illustrations de Philippe Munch
Pleine Lune / Nathan

Kerri et Mégane partent secrètement à la recherche des parents de Kerri, dont le vaisseau spatial se serait écrasé sur Amazonia, une planète où la forêt a tout envahi. Mais les Mange-Forêts sont là, énormes chenilles qui défrichent, permettant à de petits humanoïdes, les Maroufles, de survivre. Seulement, les Maroufles ne sont pas les seuls occupants d'Amazonia…
Dans la plus pure tradition de la SF, un récit solide et plein de trouvailles, parmi lesquelles les talents de télépathe de Kerri.

Dans la même série : Les Transmiroirs, Brocantic trafic, La Ruche de glace, Le Donjon de Malmort.

*Si vous avez aimé…
vous aimerez*

Dans le même genre
→ Science-fiction
La Citadelle du vertige
Alain Grousset
➤ *p. 73*

Sur le même thème
→ Écologie
Panique sur la rivière
Sigrid Baffert
Souris Verte / Syros Jeunesse

indispensable

c'est la vie

▶ *Relation père/fils*

▶ *Amitié*

▶ *Famille*

▶ *Solitude*

très bon lecteur
● ● ●

LETTRES D'AMOUR DE 0 À 10

Susie Morgenstern
Neuf / L'école des loisirs

Ernest a dix ans : dix ans d'ennui. Une mère morte
à sa naissance, un père disparu, il vivote entre sa
grand-mère et une aide ménagère déprimée.
Les heures s'écoulent, moroses : école, goûter, devoir,
coucher. Jusqu'au jour où il rencontre Victoire,
son capharnaüm et ses treize frères… Avec elle,
Ernest va tout découvrir pour la première fois, et
surtout son père !
Optimisme, formules choc et tonus à revendre :
décidément, Victoire ressemble à Susie Morgenstern !

Portrait de l'auteur p. 226.

Si vous avez aimé…
vous aimerez

Dans le même genre
→ C'est la vie
Treize à la douzaine
Ernestine et Frank Gilbreth
➤ *p. 135*

Sur le même thème
→ Relation père/fils
Toufdepoil
Claude Gutman
➤ *p. 133*

Du même auteur
→ Susie Morgenstern
La Sixième
➤ *p. 127*

Chris Donner

Les lettres
de mon
petit frère

Neuf de l'école des loisirs

c'est la vie

▶ *Famille*

▶ *Vacances*

▶ *Homosexualité*

▶ *Correspondance*

bon lecteur

LES LETTRES DE MON PETIT FRÈRE

Chris Donner
Neuf / L'école des Loisirs

Christophe, le grand frère de Mathieu, est interdit de vacances en famille. En effet, aux yeux des parents, il a commis l'irréparable : avoir un petit copain plutôt qu'une petite copine et ne pas s'en cacher. Avant le départ, il demande à Mathieu de lui écrire pour lui raconter ses vacances. Et celui-ci raconte… les algues qui puent, le mur de la maison qui s'effondre et, surtout, combien Christophe leur manque…
Un concentré de fraîcheur, d'insolence et de délicatesse. À lire contre tous les préjugés.

Si vous avez aimé…
vous aimerez

Dans le même genre
➔ **C'est la vie**
Tout contre Léo
Christophe Honoré
➤ *p. 134*

Sur le même thème
➔ **Vacances et correspondance**
Des vacances à histoires
Sandrine Pernusch
Cascade 9-10 / Rageot

Du même auteur
➔ **Chris Donner**
Voilà comment j'ai fait fortune
Neuf / L'école des Loisirs

nature-animaux

▶ *Animaux (cheval)*

▶ *Amitié*

▶ *Histoire vraie*

très bon lecteur
● ● ●

LE LIBRE GALOP DES POTTOKS

Résie Pouyanne / Illustrations de Catherine Lachaud
Castor Poche Junior / Flammarion-Père Castor

Dans le val de Lantabat, au Pays basque, les diables roux ont dévasté le maïs de la ferme Etchegoyen. Pampili, le fils du propriétaire, est très intrigué par les légendes qu'il a entendues sur ces créatures étranges. Son grand-père lui dévoile leur mystère : les diables roux sont des pottoks, des chevaux sauvages que personne ne peut approcher…
Ce récit entraîne le lecteur au cœur du Pays basque et de ses traditions. D'autant plus captivant que l'histoire est vraie.

*Si vous avez aimé…
vous aimerez*

**Dans le même genre
→ Nature-Animaux
Une jument
extraordinaire**
Joyce Rockwood
➤ p. 102

66 Moi j'aime bien
qu'on m'appelle
le Binoclard. 99

très bon lecteur
● ● ●

MANOLITO

Elvira Lindo / Illustrations de Emilio Urberuaga
Folio Junior / Gallimard Jeunesse

Manolito, surnommé "le Binoclard", est terriblement
bavard. Dans ce livre, il nous raconte tout, comme
s'il parlait à un copain : sa vie, son grand-père, ses amis
(notamment Paquito l'extraterrestre), l'école, son
anniversaire, ses bêtises, ses bagarres, et quelques
punitions aussi…
Créé à l'origine pour la radio espagnole, Manolito
est l'équivalent espagnol de notre Petit Nicolas.
C'est dire sa popularité. Le récit de ses tribulations
dans un quartier pauvre de Madrid est irrésistible.

Dans la même série : Super Manolito, Secrets de Manolito.

*Si vous avez aimé…
vous aimerez*

**Dans le même genre
→ Humour**
Le Petit Nicolas
Sempé / Goscinny
➤ *p. 116*

Brigitte Smadja
Marie souffre
le martyre

Neuf de l'école des loisirs

c'est la vie

▶ *Amour*

▶ *Jalousie*

▶ *École*

bon lecteur
● ● ○

MARIE SOUFFRE LE MARTYRE

Brigitte Smadja
Neuf / L'école des loisirs

Depuis l'âge de six ans, Marie est secrètement amoureuse de Samuel qui, lui, la considère comme sa meilleure copine. Le jour où débarque à l'école une blonde à longues nattes, si belle que c'en est "dégoûtant", Marie sent tout de suite le danger.
Elle a raison : Samuel, qui n'est jamais amoureux de personne, s'intéresse beaucoup à Annabelle Blondin. Et à qui demande-t-il de lui parler ?
Un style limpide et la dose d'humour nécessaire pour endurer vaillamment les histoires d'amour et d'amitié.

Portrait de l'auteur p. 228.

*Si vous avez aimé...
vous aimerez*

Dans le même genre
→ C'est la vie
La Prédiction de Nadia
Marie Desplechin
➤ *p. 118*

Du même auteur
→ Brigitte Smadja
Maxime fait l'idiot
Neuf / L'école des Loisirs

très bon lecteur
● ● ●

humour

▶ *Magie*

▶ *École*

▶ *Différence*

MATILDA

Roald Dahl / Illustrations de Quentin Blake
Folio Junior / Gallimard Jeunesse

À cinq ans, Matilda a déjà tout lu, de Dickens
à Steinbeck. En fait, elle est dotée d'un QI
surdimensionné, mais personne ne s'en rend compte,
surtout pas ses parents, bêtes et méchants, ni sa
directrice d'école, la malveillance incarnée. Seule
son institutrice la comprend. Le génie de Matilda
va lui donner des pouvoirs surnaturels qui seront
l'instrument de sa vengeance…
Une histoire à la fois cocasse et grinçante : c'est là
la patte de Roald Dahl. Pour apprendre à rire jaune
avec de l'humour… noir.

Portrait de l'auteur p. 220.

*Si vous avez aimé…
vous aimerez*

Dans le même genre
→ Humour
Kamo, l'idée du siècle
Daniel Pennac
➤ p. 103

Du même auteur
→ Roald Dahl
**Charlie
et la Chocolaterie**
➤ p. 69

humour

▶ *Adoption*

▶ *Relation mère/fils*

▶ *Extravagance*

bon lecteur
● ● ○

LE MÔME EN CONSERVE

Christine Nöstlinger / Illustrations de La Mouche
Le Livre de Poche Cadet / Hachette Jeunesse

Plutôt excentrique et brouillonne, Berthe Bartolotti
fume le cigare, vit avec des poissons rouges dans
sa baignoire et adore commander des choses par
correspondance. Elle reçoit un jour un colis contenant
un petit garçon qui s'exprime avec une sagesse
déconcertante. Il se prénomme Frédéric, a été fabriqué
en usine et affirme qu'elle est sa mère ! Manifestement,
il y a eu erreur dans la commande…
Une charmante histoire d'adoption qui enchantera
tous ceux qui connaissent des mères extravagantes.

*Si vous avez aimé…
vous aimerez*

Dans le même genre
➜ Humour
Harry est fou
Dick King-Smith
➤ p. 94

Du même auteur
➜ Christine Nöstlinger
Jacob, Julia et Jericho
Neuf / L'école des Loisirs

FOLIO JUNIOR

66 Je savais déjà qu'il ne serait jamais comme la plupart des enfants. 99

Elizabeth Laird
MON DRÔLE DE PETIT FRÈRE

c'est la vie

▶ *Handicap*

▶ *Famille*

▶ *École*

MON DRÔLE DE PETIT FRÈRE

Élizabeth Laird / Illustrations de Ken Brown
Folio Junior / Gallimard Jeunesse

La vie d'Anna bascule le jour où sa maman met au monde un petit garçon handicapé. Avec un amour exclusif, elle va se consacrer entièrement à ce drôle de petit frère dont elle n'ose pas parler à l'école.
Peu à peu, Anna va porter sur les autres comme sur elle-même un regard différent…
Un livre riche, fouillé, où l'on retrouve avec une éblouissante vérité toutes les émotions qui traversent une famille en pareil cas. Cet enfant pas comme les autres va en apprendre beaucoup à Anna sur la vie… et sur les autres.

Si vous avez aimé… vous aimerez

Sur le même thème
→ Handicap
L'Histoire d'Helen Keller
Lorena A. Hickok
➤ *p. 167 (dès 11-12 ans)*

Du même auteur
→ Élizabeth Laird
Une amitié secrète
Folio Junior / Gallimard Jeunesse

fantastique

▶ *École*

▶ *Extraterrestre*

"Hé, banane !" brailla Duncan Dougal en arrachant le livre des mains de Peter Thompson.

bon lecteur
● ● ○

MON PROF EST UN EXTRATERRESTRE

Bruce Coville / Illustrations de Mike Wimmer
Pocket Junior / Pocket Jeunesse

Susan découvre que monsieur Smith, le terrifiant remplaçant de la maîtresse, n'a rien d'un instituteur et tout d'un alien : une force surhumaine, une froideur insolite et, sous son masque, une véritable tête de monstre (peau verte, yeux orange et crevasses). Celui-ci est venu prélever un échantillon de jeunes Terriens pour les emmener sur sa planète… Même le plus réticent des lecteurs se laissera captiver par ce récit, histoire d'apprendre ce qui peut arrêter un extraterrestre aussi déterminé.

Dans la même série : Ciel ! Encore un prof extraterrestre !, Mon prof s'allume dans le noir, Mon prof a bousillé la planète.

Si vous avez aimé… vous aimerez

Dans le même genre
→ Fantastique
L'école qui n'existait pas
Gudule
➤ p. 85

Du même auteur
→ Bruce Coville
J'ai laissé mes baskets dans la dimension X
Pocket Junior / Pocket Jeunesse

POCKET *junior*

L'œil du loup

Daniel Pennac

Roman

Debout devant l'enclos du loup, le garçon ne bouge pas. Le loup va et vient. Il marche

indispensable

nature-animaux

▶ *Animaux (loup)*

▶ *Amitié*

▶ *Afrique*

▶ *Grand Nord*

bon lecteur
●●○

L'ŒIL DU LOUP

Daniel Pennac / Illustrations de Catherine Reisser
Pocket Junior / Pocket Jeunesse

Chaque jour, au zoo, le vieux loup voit un petit garçon le fixer de ses deux yeux grands ouverts. Et ça, le loup ne le supporte pas : il est borgne et ne sait pas quel œil regarder. Mais l'enfant le comprend et ferme un œil. Le voyage peut commencer : dans l'œil du loup, l'enfant va découvrir le Grand Nord et, dans l'œil de l'enfant, le loup verra défiler la vie dans le désert africain.
Un roman bref qui éveille une foule d'émotions : tendresse, nostalgie, rêves d'ailleurs…

Portrait de l'auteur p. 227.

Si vous avez aimé… vous aimerez

Dans le même genre
→ Nature-Animaux
Histoire d'une mouette et du chat qui lui apprit à voler
Luis Sepúlveda
➤ *p. 96*

Sur le même thème
→ Grand Nord
L'Appel de la forêt
Jack London
➤ *p. 67*

Du même auteur
→ Daniel Pennac
Cabot-Caboche
➤ *p. 68*

bon lecteur
● ● ○

c'est la vie

▶ *Grands-parents*

▶ *Amour*

▶ *Voyage*

▶ *Bretagne*

PÉPÉ LA BOULANGE

Yvon Mauffret
Neuf / L'école des Loisirs

Le jour de ses soixante-douze ans, le grand-père de Thomas décide de tout quitter pour retourner chez lui, à Belle-Île. Le petit garçon accompagne ce grand-père qu'il croyait connaître dans son voyage de retour vers sa Bretagne natale. Petit à petit, il va découvrir quelle fut l'enfance du vieil homme… et le secret de ses amours.
Un peu de nostalgie, beaucoup de tendresse et l'émouvante complicité qui unit un grand-père à son petit-fils. Bref, une histoire d'amour.

Si vous avez aimé... vous aimerez

Dans le même genre
➔ **C'est la vie**
Ta Lou qui t'aime
Élisabeth Brami
➤ *p. 131*

Du même auteur
➔ **Yvon Mauffret**
La Clé
*Romans Huit & Plus /
Casterman*

humour

▶ École

▶ Bandes d'enfants

▶ Bêtises

bon lecteur
●●○

LE PETIT NICOLAS

Sempé / Goscinny
Folio Junior / Gallimard Jeunesse

Il y a Agnan, le chouchou de la maîtresse, sur lequel on ne peut pas trop taper à cause de ses lunettes ; Alceste, le petit gros qui mange tout le temps ; Clotaire, le cancre de service ; Geoffroy, le gosse de riche ; Eudes, le costaud qui donne des coups de poing sur le nez… Le petit Nicolas et sa bande de copains sont devenus des personnages-types (des Agnans, on en connaît tous, des Alcestes aussi !). Depuis bientôt quarante ans, cette formidable galerie de portraits déchaîne toujours des cascades de rires.

Dans la même série : Le Petit Nicolas a des ennuis, Les Vacances du petit Nicolas, Les Récrés du petit Nicolas, Le Petit Nicolas et les Copains.

Si vous avez aimé… vous aimerez

Dans le même genre
→ Humour
Manolito
Elvira Lindo
➤ p. 108

Sur le même thème
→ École
Le livre dont je ne suis pas le héros
Jean-Philippe Arrou-Vignod
Neuf / L'école des loisirs

Du même auteur
→ Sempé / Goscinny
Marcellin Caillou
Folio Junior / Gallimard Jeunesse

fantastique

▶ *Amitié*

▶ *Différence*

▶ *Désert*

LE PETIT PRINCE

Antoine de Saint-Exupéry
Folio Junior / Gallimard Jeunesse

Une rencontre entre un homme, le narrateur, qui n'a plus le sentiment d'appartenir au monde de ses semblables, et ce petit prince qui habite seul sur sa planète, aime les couchers de soleil et n'oublie jamais une question une fois qu'il l'a posée…

Conte philosophique, critique de la société, expression d'une solitude, *le Petit Prince* est d'abord un livre pour les enfants. Il leur ouvre des horizons, loin du conformisme des adultes.

Si vous avez aimé… vous aimerez

Dans le même genre
→ Fantastique
Peter Pan
James Matthew Barrie
➤ *p. 196 (dès 11-12 ans)*

Sur le même thème
→ Différence
Jonathan Livingston, le goéland
Richard Bach
➤ *p. 173 (dès 11-12 ans)*

Marie Desplechin
La prédiction
de Nadia

Neuf de l'école des loisirs

c'est la vie

▶ Amitié

▶ Handicap

▶ Différence

▶ Courage

▶ Voyance

▶ Solitude

LA PRÉDICTION DE NADIA

Marie Desplechin
Neuf / L'école des loisirs

La voyante Nadia prédit à Samir qu'avant six mois, il aura risqué sa vie pour sauver un ami et sera devenu un héros dans la cité. Or, Samir n'a pas plus envie d'être un héros que de risquer sa vie. Il s'applique donc à fuir tous ses copains afin d'échapper à son périlleux destin. Jusqu'au jour où, au cours de l'une de ses promenades solitaires, il fait la connaissance de Marc, un jeune étudiant sourd qui observe les oiseaux…
La rencontre de deux solitudes : un livre généreux.

Portrait de l'auteur p. 221.

*Si vous avez aimé…
vous aimerez*

Dans le même genre
→ C'est la vie
Le Journal secret de Marine
Sandrine Pernusch
➤ *p. 101*

Sur le même thème
→ Voyance
Langue de chat
Jean-Noël Blanc
Pocket Junior / Pocket Jeunesse

Du même auteur
→ Marie Desplechin
Et Dieu dans tout ça ?
➤ *p. 87*

histoire

▶ *Préhistoire*

▶ *Animaux (chacal)*

facile

LE PREMIER CHIEN

Jean-Luc Déjean / Illustrations de Yves Beaujard
Le Livre de Poche Cadet / Hachette Jeunesse

Le roman s'ouvre sur la chute d'Asak, fils du chef de la tribu préhistorique des Hudi. Des traîtres viennent de le précipiter du haut d'une falaise. Il parvient à nager jusqu'à l'île de la Terre-de-l'Eau. Là, il retrouve son père et découvre avec lui les dangers de la vie sauvage et solitaire. Mais celui-ci est tué par un ours et Asak reste seul…
Une histoire d'île déserte originale dans laquelle Robinson est un jeune guerrier de la préhistoire et Vendredi, "le premier chien", un petit chacal.

Si vous avez aimé… vous aimerez

Sur le même thème
→ Préhistoire
Le Silex noir
Louis Mirman
Folio Junior/ Gallimard Jeunesse

Du même auteur
→ Jean-Luc Déjean
Histoires de la préhistoire
Le Livre de Poche Junior / Hachette Jeunesse

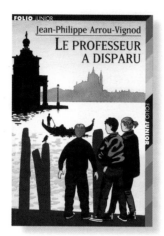

FOLIO JUNIOR

Jean-Philippe Arrou-Vignod
LE PROFESSEUR
A DISPARU

policier

▶ *École*

▶ *Voyage*

▶ *Disparition*

▶ *Venise*

bon lecteur
● ● ●

LE PROFESSEUR A DISPARU

Jean-Philippe Arrou-Vignod / Illustrations de Serge Bloch
Folio Junior / Gallimard Jeunesse

La charmante Mathilde, le cancre Rémi et P. P. Cul-Vert,
surdoué et détective, relatent tour à tour leur aventure.
Ils ont gagné un voyage à Venise grâce à un concours
et sont partis en compagnie de leur professeur
d'histoire. Mais, dans le train, celui-ci s'est volatilisé.
Un mystérieux message va peut-être les mettre
sur sa piste…
Une histoire racontée à trois voix avec beaucoup
d'humour dans le regard que les héros portent les uns
sur les autres. Et une Venise très très mystérieuse…

*Dans la même série : Enquête au collège, P.P. Cul-Vert détective
privé, Sur la piste de la Salamandre, P.P. Cul-Vert et le Mystère
du Loch Ness.*
Portrait de l'auteur p. 218.

Si vous avez aimé…
vous aimerez

Dans le même genre
→ Policier
**Les Disparus de Fort
Boyard**
Alain Surget
➤ *p. 84*

Du même auteur
**→ Jean-Philippe
Arrou-Vignod**
**Léo des villes,
Léo des champs**
➤ *p. 175 (dès 11-12 ans)*

fantastique

▶ *Moyen Âge*

▶ *Animaux*

bon lecteur
● ● ○

LA RÉVOLTE DE TEMPÊTE

Brian Jacques
Mango Poche / Mango

Une souricelle blessée échoue sur un rivage désolé et, au terme d'une longue errance, arrive à l'abbaye de Rougemuraille. Ayant oublié jusqu'à son nom, elle choisit de s'appeler Tempête car elle se sent vibrer d'une incompréhensible colère. Aurait-elle été victime de Kamoul, le rat sanguinaire ?
Un roman d'heroïc fantasy captivant dont les héros sont des bêtes animées de passions humaines – les meilleures comme les pires. Ce livre emporte les lecteurs au cœur d'un univers dont ils ne voudront plus sortir…

Dans la même série : Kamoul le sauvage, La Forêt hostile,
À l'assaut de Terramort.

Si vous avez aimé…
vous aimerez

Sur le même thème
→ Moyen Âge
Contes et Légendes
des chevaliers de la
Table Ronde
Jacqueline Mirande
➤ *p. 77*

fantastique

▶ *Sorcières*

▶ *Grands-mères*

SACRÉES SORCIÈRES

Roald Dahl / Illustrations de Quentin Blake
Folio Junior / Gallimard Jeunesse

Un petit garçon, transformé en souriceau par un congrès de sorcières chauves, met en garde les autres enfants. Les sorcières avancent masquées, on ne les reconnaît pas forcément à leurs accessoires : balais poilus ou chapeaux noirs. Elles ressemblent à tout le monde… et on a un mal fou à s'en débarrasser ! Histoire horrifique, humour ravageur, tout Roald Dahl est là. Un anticonte de fées, à lire et à relire, inlassablement.

Portrait de l'auteur p. 220.

Si vous avez aimé… vous aimerez

Sur le même thème
➔ **Grand-mère**
Satanée Grand-mère !
Anthony Horowitz
➤ *p. 124*

Du même auteur
➔ **Roald Dahl**
La Potion magique de Georges Bouillon
Folio Junior / Gallimard Jeunesse

dès **9-10 ans**

policier

▶ *Vacances*

▶ *Fantôme*

bon lecteur

SANS ATOUT ET LE CHEVAL FANTÔME

Boileau-Narcejac / Illustrations de Daniel Ceppi
Folio Junior / Gallimard Jeunesse

Si vous avez aimé…
vous aimerez

Dans le même genre
➜ **Policier**
Émile et les Détectives
Erich Kästner
➤ *p. 86*

François, dit Sans Atout, s'apprête à passer ses
dernières vacances au château de Kermoal. En effet,
son père l'a mis en vente. Il y retrouve Jean-Marc,
le fils des gardiens, qui lui confie un secret : un cheval
invisible pénètre dans l'enceinte du château, la nuit,
monté par un cavalier tout aussi invisible. On l'entend,
on retrouve ses empreintes, mais on ne le voit pas…
Un polar de la lignée "diabolique", où Sans Atout
va déjouer une machination comme on les aime.
À lire et à relire pendant les vacances.

Dans la même série : Les Pistolets de Sans Atout, Sans Atout contre
l'homme à la dague, L'Invisible Agresseur, Sans Atout dans la
gueule du loup, Le cadavre fait le mort, Une étrange disparition…

123

Satanée grand-mère !
Anthony Horowitz

humour

▶ Grand-mère

▶ Vieillesse

très bon lecteur
● ● ●

SATANÉE GRAND-MÈRE !

Anthony Horowitz / Illustrations de Benoit Debecker
Le Livre de Poche Junior / Hachette Jeunesse

Joe a une grand-mère avare, tyrannique et aussi souriante qu'un crocodile. Pourtant, ses parents sont aux petits soins pour elle. Il n'y comprend rien.
Le jour où elle va s'intéresser à ses enzymes, il entrevoit l'atroce vérité : cette grand-mère-là est bien capable de le transformer en saucisse à cocktail !
Une lecture revigorante qui fait plus qu'écorner l'image des "grands-mères à confiture" : on palpite, on frissonne et on s'amuse. Pour tordre le cou aux idées reçues sur les mamies !

Portrait de l'auteur p. 224.

Si vous avez aimé... vous aimerez

Dans le même genre
→ Humour
Verte
Marie Desplechin
➤ *p. 137*

Sur le même thème
→ Grand-mère
Sacrées Sorcières
Roald Dahl
➤ *p. 122*

Du même auteur
→ Anthony Horowitz
Le Diable et son Valet
Le Livre de Poche Junior / Hachette Jeunesse

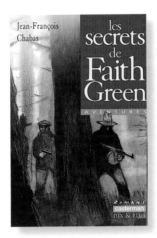

aventure

▶ *Grands-parents*

▶ *Journal intime*

▶ *New York*

▶ *Prohibition*

bon lecteur

● ● ○

LES SECRETS DE FAITH GREEN

Jean-François Chabas / Illustrations de Christophe Blain
Roman Dix & Plus / Casterman

Pour Mickey, partager sa chambre avec une arrière-grand-mère venue "finir ses jours" à New York n'est pas une sinécure. D'autant que Faith Green a un caractère de cochon : "vieille, antipathique et teigneuse" comme elle le dit elle-même. Un dimanche, Mickey tombe sur son journal : il commence en 1920, pendant la prohibition…

Un roman qui réussit à faire se croiser deux voix adolescentes à presque quatre-vingts ans de distance.

Portrait de l'auteur p. 220.

Si vous avez aimé… vous aimerez

**Dans le même genre
→ Aventure**
La Longue Marche des dindes
Kathleen Karr
➤ *p. 177 (dès 11-12 ans)*

**Sur le même thème
→ Grands-parents**
Pépé la Boulange
Yvon Mauffret
➤ *p. 115*

**Du même auteur
→ Jean-François Chabas**
La Deuxième Naissance de Keita Telli
Romans Dix & Plus / Casterman

Sophie Chérer
La seule amie du roi

Neuf de l'école des loisirs

histoire

▶ *Amitié*

▶ *Révolution française*

très bon lecteur
● ● ●

LA SEULE AMIE DU ROI

Sophie Chérer
Neuf / L'école des loisirs

Angèle, fille de la lingère de Marie-Antoinette, était la seule amie du jeune Louis XVII. Elle avait dix ans, lui, huit. Bien des années plus tard, elle raconte à ses petits-enfants le mystérieux destin du fils de Louis XVI, la métamorphose de ce petit roi emprisonné, ravi de pouvoir jouer toute la journée, qui finira par entonner des chants révolutionnaires et par accuser sa mère… L'une des plus passionnantes énigmes de l'Histoire réinventée avec une véritable intensité dramatique.

Si vous avez aimé... vous aimerez

Sur le même thème
➔ **Révolution française**
Le Cavalier
Jacqueline Mirande
Pocket Junior / Pocket Jeunesse

Du même auteur
➔ **Sophie Chérer**
Le Cadet de mes soucis
Neuf / L'école des loisirs

Susie Morgenstern

La sixième

Neuf de l'école des loisirs

c'est la vie

▶ *Entrée en sixième*

très bon lecteur

LA SIXIÈME

Susie Morgenstern
Neuf / L'école des loisirs

Ça y est : Margot est admise en sixième. Mais entrer dans ce club très fermé pose un tas de questions : jupe ou jean ? cartable ou pas cartable ? Sans parler des photos d'identité, du carnet de correspondance et autres documents essentiels ! Au jour J, la bonne volonté de Margot se trouve ébranlée. La sixième n'est pas ce qu'elle croyait.

Des milliers de collégiens se sont déjà reconnus dans ce livre. Ils sont devenus les complices de Margot, et être complice d'une bonne élève, ce n'est pas si fréquent…

Portrait de l'auteur p. 226.

Si vous avez aimé… vous aimerez

Dans le même genre
→ **C'est la vie**
Comment écrire comme un cochon
Anne Fine
➤ *p. 75*

Sur le même thème
→ **Entrée en sixième**
Kamo, l'idée du siècle
Daniel Pennac
➤ *p. 103*

Du même auteur
→ **Susie Morgenstern**
Lettres d'amour de 0 à 10
➤ *p. 105*

dès **9-10 ans**

facile

humour

▶ *Sorcière*

▶ *Bande d'enfants*

▶ *Contes*

▶ *Magie*

LA SORCIÈRE DE LA RUE MOUFFETARD ET AUTRES CONTES DE LA RUE BROCA

Pierre Gripari / Illustrations de Puig Rosado
Folio Junior / Gallimard Jeunesse

Pas très tranquille le quartier des Gobelins : une vieille sorcière doit manger une petite fille à la tomate pour rajeunir, les chaussures sont amoureuses, l'épicerie-buvette de Saïd est fréquentée par la fée du robinet... Les sorcières et les fées que l'on rencontre dans ce classique sont très contemporaines. Normal, puisque, selon l'auteur, les enfants du quartier l'ont aidé à écrire ces contes. Égal à lui-même, Gripari nous entortille et brouille les pistes.

*Si vous avez aimé...
vous aimerez*

Sur le même thème
→ Sorcière

Sacrées Sorcières
Roald Dahl
➤ *p. 122*

Du même auteur
→ Pierre Gripari

**Le Gentil Petit Diable
et autres contes de la
rue Broca**
*Folio Junior / Gallimard
Jeunesse*

Rivais/Laclos

Les sorcières
sont N.R.V.

Neuf de l'école des loisirs

humour

▶ *Sorcière*

▶ *Jeux de langage*

LES SORCIÈRES SONT N.R.V.

Yak Rivais / Michel Laclos
Neuf / L'école des loisirs

Vingt-quatre contes pleins de sorcières, de potions, de balais, d'ogres… Le tout dans la plus parfaite confusion, une confusion savamment entretenue par l'auteur, jusque dans son écriture, où calembours, acrostiches, tautogrammes, charades, anagrammes, mots-valises et lipogrammes alternent à une cadence diabolique.
Des jeux littéraires qui ne peuvent que séduire et, l'air de rien, donnent envie de s'amuser avec la langue. C'est le secret de Yak Rivais, depuis des années au hit-parade des auteurs pour la jeunesse.

Si vous avez aimé… vous aimerez

Sur le même thème
→ Sorcière
Sacrées Sorcières
Roald Dahl
➤ *p. 122*

Du même auteur
→ Yak Rivais
LFHE la sorcière
Neuf / L'école des loisirs

Yves Pinguilly

le
strip-tease
de la
maîtresse
MYSTÈRE

casterman
DIX & PLUS

facile

policier

▶ *École*

▶ *Racisme*

▶ *Paris*

LE STRIP-TEASE DE LA MAÎTRESSE

Yves Pinguilly / Illustrations de Nadine van der Straeten
Romans Dix & Plus / Casterman

Babette, maîtresse de cours moyen, tire les six bons numéros au loto. Sa vie va changer, elle s'en doute, mais elle ne sait pas encore à quel point. Balthazar Boulle, marin et pirate en téléphonie, met en effet tout en œuvre pour lui dérober le ticket gagnant. Heureusement, les élèves de Babette volent à son secours…

Une institutrice pas banale, une course au voleur pas banale non plus, et une histoire d'amour inattendue. Bref, un polar burlesque truffé d'aventures hautement fantaisistes.

Si vous avez aimé…
vous aimerez

Dans le même genre
➔ Policier
Les CM2 à la une
Catherine Missonnier
➤ *p. 74*

Du même auteur
➔ Yves Pinguilly
Cousu de fil noir
Le Furet enquête / Albin Michel Jeunesse

c'est la vie

▸ *Vacances*

▸ *Correspondance*

▸ *Grands-parents*

TA LOU QUI T'AIME

Élisabeth Brami / Illustrations de Béatrice Poncelet
Seuil

La correspondance d'un été entre une petite-fille
et sa grand-mère. L'une est partie en colonie
de vacances pour la première fois et est furieuse de se
retrouver dans un endroit où elle ne connaît personne.
L'autre, veuve depuis deux ans, est aussi pour la
première fois seule en vacances, à l'hôtel…
Deux solitudes qui s'expriment et se cherchent avec
des mots justes et tendres, entre rires et pincements
au cœur, entre souvenirs et projets. Des lettres qui
disent que la solitude n'a pas d'âge.

Si vous avez aimé… vous aimerez

Dans le même genre
→ C'est la vie
Pépé la Boulange
Yvon Mauffret
➤ *p. 115*

Sur le même thème
→ Correspondance
et vacances
**Les Lettres de mon
petit frère**
Chris Donner
➤ *p. 106*

facile
● ● ●

nature-animaux

▶ *Générosité*

▶ *Écologie*

TISTOU LES POUCES VERTS

Maurice Druon / Illustrations de Jacqueline Duhême
Le Livre de Poche Cadet / Hachette Jeunesse

Tistou n'est pas doué pour l'école, ce qui ne satisfait pas Monsieur Père, marchand de canons prospère, qui décide de l'envoyer à l'école de la vie, c'est-à-dire… dans le jardin. Et là, Tistou découvre qu'il a un don, celui de faire se couvrir de fleurs tout ce qu'il touche : l'hôpital, la prison, et même l'usine à canons de Monsieur Père !

Un petit bonhomme qui, par la magie de ses "pouces verts", rappelle à ses lecteurs que le bonheur devrait être une affaire simple… comme une fleur.

Si vous avez aimé…
vous aimerez

Dans le même genre
→ **Nature-Animaux**
L'homme qui plantait des arbres
Jean Giono
➤ *p. 98*

POCKET *junior*

Toufdepoil
Claude Gutman

Roman

Avec Papa, je m'entendais plutôt
bien. C'était mon père, j'étais
son fils. J'étais son Sébastien

nature-animaux

▶ *Animaux (chien)*

▶ *Divorce*

▶ *Relation père/fils*

bon lecteur
● ● ●

TOUFDEPOIL

Claude Gutman / Illustrations de Pef
Pocket Junior / Pocket Jeunesse

La maman de Bastien est partie, le laissant seul
avec son père. Pour son anniversaire, elle lui a offert
un chien, Toufdepoil, qui est devenu son meilleur ami.
L'arrivée d'une "Belle-doche" à la maison va tout
remettre en question. En effet, elle déterre la hache
de guerre : c'est Toufdepoil ou elle ! Bastien sent que
son père va céder au chantage…
L'un des récits les plus justes et les plus sobres
écrits sur les liens qui unissent un enfant à son animal.
Difficile de ne pas s'y reconnaître.

Portrait de l'auteur p. 223.

Si vous avez aimé…
vous aimerez

Dans le même genre
→ Nature-Animaux
Cabot-Caboche
Daniel Pennac
➤ *p. 68*

Sur le même thème
→ Relation père/fils
**Lettres d'amour
de 0 à 10**
Susie Morgenstern
➤ *p. 105*

**Du même auteur
→ Claude Gutman**
La Maison vide
➤ *p. 180 (dès 11-12 ans)*

Christophe Honoré
Tout contre Léo

Neuf de l'école des loisirs

c'est la vie

▶ *Famille*

▶ *Secret*

▶ *Mort*

▶ *Sida*

très bon lecteur
● ● ●

TOUT CONTRE LÉO

Christophe Honoré
Neuf / L'école des loisirs

La vie de P'tit Marcel bascule le jour où il apprend que son grand frère Léo va mourir du sida et qu'il doit faire semblant de ne rien savoir… Alors il se tait, comme les grands. Mais ce silence imposé l'étouffe. Il se révolte soudain contre cette mort annoncée, mais aussi contre le mensonge et le malaise des adultes. Incontestablement, le livre qui a su le mieux cerner ce qui se passe dans la tête d'un enfant confronté pour la première fois à la disparition d'un proche.

Portrait de l'auteur p. 224.

Si vous avez aimé… vous aimerez

Dans le même genre
➔ C'est la vie
Les Lettres de mon petit frère
Chris Donner
➤ *p. 106*

Sur le même thème
➔ Sida
La Vie à reculons
Gudule
Le Livre de Poche Senior / Hachette Jeunesse

Ernestine et
Frank Gilbreth

**TREIZE
À LA DOUZAINE**

c'est la vie

▶ *Famille*

▶ *Relation frères/sœurs*

▶ *Histoire vraie*

très bon lecteur

TREIZE À LA DOUZAINE

Ernestine et Frank Gilbreth / Illustrations de Roland Sabatier
Folio Junior / Gallimard Jeunesse

L'histoire de Mr et Mrs Gilbreth qui, le jour de leur mariage, se promettent d'avoir douze enfants et… tiennent parole. Ils auront six garçons et six filles, soit douze rouquins couverts de taches de son.
Le père, obsédé par le rendement, la rationalisation du temps, croit qu'on peut gérer une famille comme une PME et ne cesse d'inventer des méthodes farfelues pour y parvenir…
Deux membres de la fratrie racontent le quotidien de cette famille hors du commun : un festival de bonne humeur !

*Si vous avez aimé…
vous aimerez*

Dans le même genre
➔ **C'est la vie**
**Lettres d'amour
de 0 à 10**
Susie Morgenstern
➤ p. 105

histoire

▶ *Égypte*

▶ *Conte philosophique*

LA VENGEANCE DE LA MOMIE

Évelyne Brisou-Pellen / Illustrations de Nicolas Fructus
Le Livre de Poche Junior / Hachette Jeunesse

Dans l'Égypte ancienne, le jeune Khay découvre
la momie d'un pharaon et l'emporte afin de devenir
"montreur de momies". Un métier sans risque,
pense-t-il. C'est compter sans la célèbre malédiction.
La momie dont il a osé profaner le tombeau va peu
à peu s'animer et semer la terreur dans le pays…
Un texte, mystérieux et envoûtant, sur une période
historique fascinante.

Portrait de l'auteur p. 219.

Si vous avez aimé…
vous aimerez

Du même auteur
→ Évelyne Brisou-Pellen
L'Inconnu du donjon
*Folio Junior / Gallimard
Jeunesse*

Marie Desplechin
Verte

Neuf de l'école des loisirs

humour

▶ *Sorcière*

▶ *Relation mère/fille*

▶ *Grand-mère*

▶ *Amour*

bon lecteur
● ● ○

VERTE

Marie Desplechin
Neuf / L'école des loisirs

Fille de sorcière, petite-fille de sorcière, Verte a un destin tout tracé, entre brouets puants et sortilèges. Mais cette carrière ne l'intéresse pas. Elle veut une vie normale avec de bonnes notes et, plus tard, un bon mari ; Soufi, par exemple, ferait un excellent prince charmant. Sa mère confie alors son éducation à grand-mère Anastabotte…
Un roman désopilant écrit à quatre voix, dont une, assez insolente, qui parle à toutes les petites filles ne souhaitant pas forcément ressembler à leur mère.

Portrait de l'auteur p. 221.

Si vous avez aimé… vous aimerez

Dans le même genre
→ **Humour**
Satanée Grand-mère !
Anthony Horowitz
➤ *p. 124*

Sur le même thème
→ **Sorcière**
Amandine Malabul, sorcière maladroite
Jill Murphy
Folio Cadet / Gallimard Jeunesse

Du même auteur
→ **Marie Desplechin**
La Prédiction de Nadia
➤ *p. 118*

nature-animaux

▶ *Animaux (oiseaux)*

▶ *Forêt*

▶ *Monstre*

facile

VOYAGE AU PAYS DES ARBRES

J.M.G. Le Clézio / Illustrations de Henri Galeron
Folio Cadet / Gallimard Jeunesse

Un petit garçon qui s'ennuie décide un jour de partir
au Pays des arbres. Il sent que les arbres ne sont pas
tous identiques, qu'ils ont une personnalité, parlent,
pensent, écoutent… Il va donc les "apprivoiser",
devenir leur ami, découvrir l'histoire et le caractère
de chacun d'eux, du noisetier au chêne, et vivre en
leur compagnie une fête extraordinaire.
Une merveilleuse rencontre avec la nature, racontée
avec simplicité et poésie par l'un des plus grands
écrivains contemporains. Un conte envoûtant.

*Si vous avez aimé…
vous aimerez*

**Dans le même genre
→ Nature-Animaux
L'homme qui plantait
des arbres**
Jean Giono
➤ p. 98

dès **11**
ans
12

jeunesse

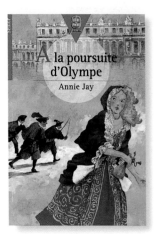

histoire

▶ Louis XIV

▶ Amour

facile
● ○ ○

À LA POURSUITE D'OLYMPE

Annie Jay / Illustrations de Frédéric Mathieu
Le Livre de Poche Senior / Hachette Jeunesse

Olympe a perdu sa mère. Son père, courtisan
à Versailles, s'est remarié avec une horrible marâtre
qui perd au jeu la dot de sa belle-fille. Olympe devra
donc devenir religieuse. Mais passer sa vie cloîtrée
dans un couvent, elle ne veut même pas y songer.
Grâce à la complicité d'une lingère, elle s'enfuit,
change d'identité et se fait femme du peuple…
Conspirations, rapts, passions, trahisons, un roman
historique enlevé pour découvrir la vie à Versailles
et la condition des femmes au siècle de Louis XIV.

*Si vous avez aimé…
vous aimerez*

Du même auteur
→ Annie Jay
Le Trône de Cléopâtre
*Le Livre de Poche Senior /
Hachette Jeunesse*

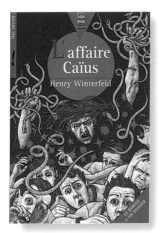

histoire

▶ *Rome antique*

▶ *École*

L'AFFAIRE CAÏUS

Henry Winterfeld / Illustrations de José Jover
Le Livre de Poche Junior-Gai savoir / Hachette Jeunesse

Aussi facétieux que nos écoliers, ceux de la Rome antique étaient capables d'écrire un petit mot comme "Caïus est un âne" pour taquiner un camarade.
Mais de là à "graffiter" le temple de Minerve !
Tout le monde soupçonne Rufus d'être l'auteur du sacrilège et, bizarrement, Xantippe, l'instituteur, semble avoir de graves ennuis…
La vie quotidienne à Rome vue par un groupe d'écoliers. Ces Romains qui paraissaient figés dans la pierre s'animent et nous entraînent dans une enquête captivante.

Dans la même série : Caïus et le Gladiateur.

Si vous avez aimé… vous aimerez

Dans le même genre
→ Histoire
Les Pilleurs de sarcophages
Odile Weulersse
➤ *p. 199*

Du même auteur
→ Henry Winterfeld
Les Enfants de Timpelbach
Le Livre de Poche Junior / Hachette Jeunesse

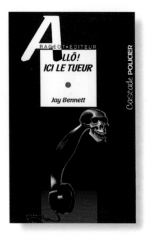

Cascade POLICIER

policier

▶ *Mafia*

▶ *Menaces de mort*

▶ *New York*

▶ *Relation père/fils*

bon lecteur
● ● ●

ALLÔ ! ICI LE TUEUR

Jay Bennett
Cascade Policier / Rageot

Fred est un étudiant sans histoires. Le jour où un inconnu lui téléphone pour le menacer de mort, il pense tout de suite à Corell, son père, un truand avec qui il a coupé les ponts. Il va devoir reprendre contact avec lui car sa vie en dépend…
Un suspense parfaitement maîtrisé et une atmosphère oppressante dans un New York enneigé. Fred sait qu'il va mourir, mais ignore où, quand, pourquoi et comment. Tous les ingrédients du bon thriller.

Si vous avez aimé… vous aimerez

Dans le même genre
→ Policier
Ippon
Jean-Hugues Oppel
➤ *p. 171*

Sur le même thème
→ New York
Le Petit Chaperon rouge à Manhattan
Carmen Martin Gaite
➤ *p. 198*

Du même auteur
→ Jay Bennett
L'Impasse du crime
Cascade Policier/ Rageot

bon lecteur
● ● ○

histoire

▶ *Amitié*

▶ *Guerre 39-45*

▶ *Antisémitisme*

▶ *Nazisme*

▶ *Séparation*

L'AMI RETROUVÉ

Fred Uhlman
Folio Junior / Gallimard Jeunesse

Stuttgart, 1932. Hans, fils d'un médecin juif, et Conrad, jeune aristocrate allemand, se lient d'une fervente amitié. Mais la montée du nazisme incite les parents de Hans à envoyer leur fils en Amérique. Les deux amis se perdent de vue. Hans s'efforce d'oublier son passé jusqu'au jour où il se rappelle étrangement à lui... C'est avec cet ouvrage, qui a bouleversé des générations de lecteurs, que le peintre Fred Uhlman est devenu écrivain.

*Si vous avez aimé...
vous aimerez*

Dans le même genre
➔ **Histoire**
Mon Ami Frédéric
Hans Peter Richter
➤ *p. 182*

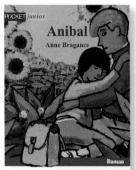

Lolly et Hugues travaillent dans le cinéma. J'sais pas au juste ce qu'ils font, vu que leurs tronches apparaissent jamais sur un écran. Souvent,

bon lecteur

c'est la vie

▶ Adoption

▶ Famille

▶ Relations entre frères

▶ Pérou

ANIBAL

Anne Bragance
Pocket Junior / Pocket Jeunesse

Les parents de Sweetie sont producteurs de cinéma : villa à Saint-Jean-Cap-Ferrat, vedettes au bord de la piscine, programme surchargé – ils n'ont guère de temps à lui consacrer. Alors, le jour où ils décident d'adopter un petit Péruvien, autant dire que Sweetie ne voit pas la chose d'un bon œil. Pour couronner le tout, "l'Inca", cinq ans, est asthmatique…
Un regard insolent posé sur le monde des adultes et deux "faux frères" entre lesquels va se créer une formidable complicité.

Si vous avez aimé… vous aimerez

Dans le même genre
→ C'est la vie
L'Enfant Océan
Jean-Claude Mourlevat
➤ *p. 157*

Sur le même thème
→ Adoption
Emilio, mon frère
Anne Mirman
Le Livre de Poche Junior / Hachette Jeunesse

policier

> Collège

facile

L'ASSASSIN EST AU COLLÈGE

Marie-Aude Murail
Médium / L'école des loisirs

Le collège Saint-Prix est victime d'un corbeau : les lettres anonymes pleuvent, le directeur semble avoir perdu la raison, les copies sont notées avec du sang humain, une élève de sixième écrit dans une rédaction qu'elle se fait assassiner, puis saute par la fenêtre… Embauché temporairement comme professeur d'histoire, Nils Hazard, le fameux détective étruscologue, mène l'enquête.
Suspense, humour et frissons : un classique du genre "pour se faire peur, juste ce qu'il faut".

Dans la même série : Dinky rouge sang, La dame qui tue, Tête à rap, Scénario catastrophe, Qui veut la peau de Maori Cannell ?, Rendez-vous avec Monsieur X.
Portrait de l'auteur p. 227.

Si vous avez aimé… vous aimerez

Dans le même genre
→ Policier
Fièvre jaune
Carlo Lucarelli
➤ p. 162

Du même auteur
→ Marie-Aude Murail
Amour, vampire et loup-garou
Médium / L'école des loisirs

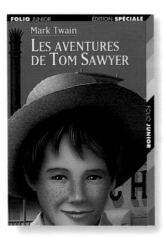

aventure

▶ Amitié

▶ Crime

▶ Trésor

▶ Histoire vraie

bon lecteur
●●○

LES AVENTURES DE TOM SAWYER

Mark Twain / Illustrations de Claude Lapointe
Folio Junior / Gallimard Jeunesse

Mark Twain nous avertit : "La plupart des aventures relatées dans ce livre sont vécues." En effet, Tom Sawyer, chenapan de stature internationale, lui fut inspiré par deux ou trois de ses camarades et Huckleberry Finn est "décrit d'après nature".
Plus intéressés par l'aventure que par l'école, les deux garçons jouent aux brigands et aux sorciers.
Jusqu'au jour où ils se retrouvent embarqués dans une véritable affaire criminelle…
Un chef-d'œuvre de la littérature américaine, à lire à tout âge.

Si vous avez aimé…
vous aimerez

Dans le même genre
→ Aventure
La Longue Marche des dindes
Kathleen Karr
➤ *p. 177*

Du même auteur
→ Mark Twain
Les Aventures d'Huckleberry Finn
Folio Junior / Gallimard Jeunesse

Marie-Aude Murail

Baby-sitter blues

Médium

indispensable

c'est la vie

▶ *Baby-sitting*

▶ *Argent de poche*

▶ *Générosité*

BABY-SITTER BLUES

Marie-Aude Murail
Médium / L'école des loisirs

Avec cent francs d'argent de poche par mois, Émilien
sent qu'il va avoir du mal à acheter le magnétoscope
de ses rêves. Il faut qu'il trouve un job. Celui de
baby-sitter semble lui promettre une belle carrière :
il va révolutionner la technique du baby-sitting
et devenir le "Rambo des nurseries" !
Pétillant de drôlerie, *Baby-sitter blues* est le livre à
s'offrir ou à se faire offrir en cas de déprime passagère,
histoire de découvrir l'ironie, version tendresse !

Dans la même série : Le Trésor de mon père, Le Clocher d'Abgall,
Au bonheur des larmes, Un séducteur-né, Sans sucre, merci,
Nos amours ne vont pas si mal.
Portrait de l'auteur p. 227.

Si vous avez aimé...
vous aimerez

Dans le même genre
→ C'est la vie
Bébés de farine
Anne Fine
➤ *p. 149*

Sur le même thème
→ Argent de poche
L'Amerloque
Susie Morgenstern
Médium / L'école des loisirs

Du même auteur
→ Marie-Aude Murail
L'assassin
est au collège
➤ *p. 145*

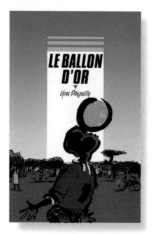

c'est la vie

▶ *Sport (foot)*

▶ *Vocation*

▶ *Afrique*

facile

LE BALLON D'OR

Yves Pinguilly / Illustrations de Zaü
Cascade 11-12 / Rageot

À treize ans, Bandian rêve de jouer au foot. Mais, pour un jeune Guinéen, il est très difficile de se procurer un ballon. Une doctoresse lui en offre un. Ce sera pour lui le début d'une incroyable carrière, durant laquelle il pourra faire ses passes ailleurs qu'entre les cornes des zébus…

Écrit par le plus africain de nos romanciers jeunesse, ce roman, tiré du film de Cheik Doukouré, échappe au folklore pour dire avec émotion ce qui fait l'étoffe d'un champion.

Si vous avez aimé… vous aimerez

Sur le même thème
→ **Sport (foot), Afrique**
Le Coureur dans la brume
Jean-Yves Loude
Folio Junior / Gallimard Jeunesse

Du même auteur
→ **Yves Pinguilly**
Cousu de fil noir
Le Furet enquête / Albin Michel Jeunesse

très bon lecteur
●●●

c'est la vie

▶ *École*

▶ *Responsabilités*

▶ *Différence*

BÉBÉS DE FARINE

Anne Fine
Médium / L'école des Loisirs

Tous les élèves d'une quatrième à peu près
exclusivement composée de cancres doivent, à titre
d'exercice, veiller pendant trois semaines sur une
poupée de farine comme sur un vrai bébé et tenir
le journal de cette expérience. Certains laissent leur
bébé de farine à la crèche qu'a ouverte un petit futé.
D'autres, comme Simon, abandonné par son père
peu après sa naissance, s'attachent beaucoup à leur
"bébé"…
Une idée insolite et drôle qui aboutit à d'étonnantes
révélations psychologiques.

Portrait de l'auteur p. 222.

*Si vous avez aimé…
vous aimerez*

Dans le même genre
→ **C'est la vie**
Baby-sitter blues
Marie-Aude Murail
➤ *p. 147*

Du même auteur
→ **Anne Fine**
Madame Doubtfire
Médium / L'école des loisirs

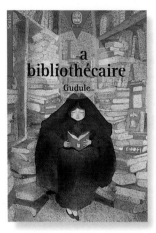

fantastique

▶ Amour

▶ Lecture

▶ Vocation

bon lecteur

LA BIBLIOTHÉCAIRE

Gudule / Illustrations de Christophe Durual
Le Livre de Poche Senior / Hachette Jeunesse

Guillaume n'aime pas le français et dort pendant
les cours. Pourtant, ses "rêves" ont tout à voir avec
le français : depuis la vieille dame qui n'arrête pas
d'écrire jusqu'à la jeune fille qu'il décide de suivre
et qui l'entraîne à la bibliothèque, dans un incroyable
périple au pays de Poil de Carotte, de Gavroche
et du Petit Prince…
L'histoire de Guillaume et de son ex-future
bibliothécaire offre une réponse originale à la grande
question : comment devient-on écrivain ? Naissance
d'une vocation…

Portrait de l'auteur p. 223.

Si vous avez aimé…
vous aimerez

Sur le même thème
→ Lecture
**Virus L.I.V. 3 ou
La Mort des livres**
Christian Grenier
➤ *p. 213*

Du même auteur
→ Gudule
L'Envers du décor
*Le Livre de Poche Senior /
Hachette Jeunesse*

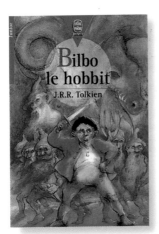

indispensable

fantastique

▶ *Merveilleux*

▶ *Quête*

▶ *Trésor*

facile

BILBO LE HOBBIT

J.R.R. Tolkien
Le Livre de Poche Junior / Hachette Jeunesse

"Dans un trou vivait un hobbit. Ce n'était pas un trou
déplaisant, sale et humide, rempli de bouts de vers
et d'une atmosphère suintante, non plus qu'un trou
sec, nu, sablonneux, sans rien pour s'asseoir ni sur quoi
manger : c'était un trou de hobbit, ce qui implique
le confort."
Bilbo vit donc dans son trou tout confort, quand
treize nains et un magicien lui proposent une chasse
au trésor…
Un livre culte que l'on quitte à regret. Heureusement,
la trilogie du *Seigneur des anneaux*, du même auteur,
nous attend.

Si vous avez aimé… vous aimerez

Dans le même genre
➜ **Fantastique**
Le Magicien d'Oz
L. Frank Baum
➤ p. 179

Du même auteur
➜ **J.R.R. Tolkien**
Le Seigneur des anneaux
Folio Junior/ Gallimard Jeunesse

FOLIO JUNIOR — ÉDITION **SPÉCIALE**
Sir Arthur Conan Doyle
LE CHIEN DES BASKERVILLE

policier

▶ *Monstre*
▶ *Superstition*

bon lecteur
● ● ○

LE CHIEN DES BASKERVILLE

Arthur Conan Doyle / Illustrations de Philippe Davaine
Folio Junior / Gallimard Jeunesse

Depuis 1740, une terrible malédiction frappe la famille des Baskerville : chacun de ses descendants est tué, la nuit, sur la lande brumeuse, par un chien monstrueux. Toujours accompagné du célèbre docteur Watson, Sherlock Holmes enquête auprès du dernier héritier des Baskerville…

Brouillard et angoisse, on croirait presque entendre la bête hurler sur la lande. Pour frissonner de peur et faire connaissance avec Sherlock Holmes, sa pipe et ses déductions… élémentaires.

Si vous avez aimé… vous aimerez

Sur le même thème
→ Superstition
Pièges et Sortilèges
Catherine Missonnier
Cascade Policier / Rageot

Du même auteur
→ Arthur Conan Doyle
Le Monde perdu
Folio Junior / Gallimard Jeunesse

Cascade POLICIER

policier

▶ *Voyage*

▶ *Musique*

▶ *Mer*

▶ *Histoire vraie*

bon lecteur

CROISIÈRE EN MEURTRE MAJEUR

Michel Honaker
Cascade Policier / Rageot

Avril 1891. Un luxueux paquebot quitte Le Havre
pour New York. Parmi les passagers : le jeune Sylvain
d'Entragues, un mystérieux M. Petrovsky, qui n'est
autre que Tchaïkovski voyageant sous un nom
d'emprunt, et un certain Helmut Werner qui tombe
à la mer dans d'étranges circonstances. Accident ?
Suicide ? Sylvain et Tchaïkovski ne tardent pas
à découvrir qu'il s'agit d'un meurtre...
Une histoire captivante et d'autant plus extraordinaire
qu'elle est directement inspirée des carnets
du compositeur.

Portrait de l'auteur p. 224.

Si vous avez aimé...
vous aimerez

Sur le même thème
→ Musique
La Fille de 3ème B
Christian Grenier
➤ *p. 163*

Du même auteur
→ Michel Honaker
La Sorcière de midi
Cascade Policier / Rageot

153

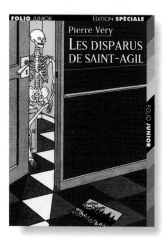

facile

policier

▶ Collège

▶ Disparition

▶ Bande d'enfants

▶ Amitié

▶ Secret

LES DISPARUS DE SAINT-AGIL

Pierre Véry / Illustrations de Nathaële Vogel
Folio Junior / Gallimard Jeunesse

Un internat de garçons n'est jamais un endroit
vraiment calme. Celui de Saint-Agil ne fait
pas exception, un groupe de copains se chargeant
de l'animation nocturne. Ils ont fondé une société
secrète, les Chiche-Capon, qui se réunit chaque nuit
dans la salle de sciences sous le haut patronage du
squelette Martin. Mais le jeu tourne au drame :
les Chiche-Capon disparaissent les uns après
les autres…
Une ambiance angoissante, des professeurs effrayants,
un squelette complice : frissons garantis.

Si vous avez aimé…
vous aimerez

Dans le même genre
→ Policier
**Le Chien des
Baskerville**
Arthur Conan Doyle
➤ p. 152

Sur le même thème
→ Bande d'enfants
La Guerre des boutons
Louis Pergaud
➤ p. 165

Du même auteur
→ Pierre Véry
**L'Assassinat du Père
Noël**
*Folio Junior / Gallimard
Jeunesse*

Policier

policier

▶ *Île*

▶ *Crimes*

bon lecteur

DIX PETITS NÈGRES

Agatha Christie
Vertige Policier / Hachette Jeunesse

Ils sont dix, ne se connaissent pas, ont tous quelque chose sur la conscience et sont invités à passer une semaine de vacances sur l'île du Nègre. Une seule maison sur l'île et, dans cette maison vide, une table sur laquelle sont posées dix statuettes représentant dix petits nègres. Dès le premier soir, la soubrette est retrouvée morte. Sur la table, il ne reste plus que neuf statuettes…
Une histoire diabolique qui nous attrape et ne nous lâche plus. À conseiller même au plus récalcitrant des lecteurs.

Si vous avez aimé… vous aimerez

Dans le même genre
→ **Policier**
Le Mystère de la chambre jaune
Gaston Leroux
➤ *p. 186*

Du même auteur
→ **Agatha Christie**
Le Crime de l'Orient-Express
Le Livre de Poche Senior-Gai savoir / Hachette Jeunesse

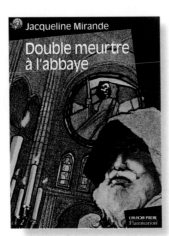

policier

▶ *Moyen Âge*

▶ *Crime*

facile
● ● ●

DOUBLE MEURTRE À L'ABBAYE

Jacqueline Mirande
Castor Poche Senior / Flammarion-Père Castor

Abbaye de Hautefage, fin du XIIe siècle, le matin
de la grande foire de la Saint-Martin, un homme
est découvert assassiné. Il s'agit sans doute d'un pèlerin
rentrant de Compostelle. Le seul à l'avoir connu est
Jean l'Oiselet, un jeune baladin retrouvé peu après
noyé dans une rivière. On soupçonne messire Guy
de Servières, de retour après cinq ans d'absence…
Un texte bref et convaincant où l'enchevêtrement
des jalousies, des passions, et l'ambiance d'une grande
foire médiévale sont restitués avec brio.

Si vous avez aimé…
vous aimerez

Sur le même thème
➔ Moyen Âge
L'Inconnu du donjon
Évelyne Brisou-Pellen
*Folio Junior/ Gallimard
Jeunesse*

Du même auteur
➔ Jacqueline Mirande
Sans nom ni blason
*Pocket Junior / Pocket
Jeunesse*

Je suis une des dernières personnes
qui ont vu Yann Doutreleau vivant.
Enfin je crois. Il était posé à côté de
moi dans la voiture. Je dis bien

bon lecteur
● ●

c'est la vie

▸ *Relations
   entre frères*

▸ *Différence*

▸ *Voyage*

L'ENFANT OCÉAN

Jean-Claude Mourlevat
Pocket Junior / Pocket Jeunesse

Yann est le septième et dernier enfant de la famille.
Il n'a pas grandi et ne parle pas, du moins, pas avec
la voix. Une nuit, il réveille ses six frères – ils sont en
danger, leurs parents veulent les tuer – et les entraîne
dans une étonnante cavale vers l'océan…
Cette cavale, tous la racontent : les frères, les témoins,
les gendarmes, les parents… Et enfin Yann,
Petit Poucet moderne, à la fois mystérieux et
extraordinairement attachant. Il faut être l'ogre de
ce livre et le dévorer sans tarder.

Portrait de l'auteur p. 227.

Si vous avez aimé...
vous aimerez

Dans le même genre
→ **C'est la vie**
Anibal
Anne Bragance
➤ *p. 144*

Sur le même thème
→ **Voyage**
Les Enfants Tillerman
Cynthia Voigt
*Castor Poche Senior /
Flammarion-Père Castor*

Du même auteur
→ **Jean-Claude Mourlevat**
La Balafre
*Pocket Junior / Pocket
Jeunesse*

Jean Joubert
Les enfants de Noé

Médium

science-fiction

▶ *Famillle*

▶ *Courage*

très bon lecteur
● ● ●

LES ENFANTS DE NOÉ

Jean Joubert
Médium / L'école des loisirs

Tout commence par une tempête de neige qui, en quelques jours, ensevelit tout : les routes, les arbres… et le chalet où vivent Simon, Noémie et leurs parents. Ni électricité, ni radio, ni télé. Ils sont coupés du monde et privés de tout confort. Peu à peu, les réserves en nourriture s'amenuisent, la maladie s'installe, les loups rôdent… Comment résister à la folie ?
L'histoire de ces naufragés de la neige est à la fois un remarquable roman d'anticipation et un étonnant huis clos familial.

Si vous avez aimé… vous aimerez

Dans le même genre
→ Science-fiction
Les Oubliés de Vulcain
Danielle Martinigol
➤ p. 193

Du même auteur
→ Jean Joubert
Histoires de la forêt profonde
Médium / L'école des loisirs

FOLIO JUNIOR — ÉDITION **SPÉCIALE**

Jean-Paul Nozière
UN ÉTÉ ALGÉRIEN

bon lecteur

histoire

▸ *Guerre*
▸ *Algérie*
▸ *Amitié*
▸ *Séparation*

UN ÉTÉ ALGÉRIEN

Jean-Paul Nozière / Illustrations de Chantal Montellier
Folio Junior / Gallimard Jeunesse

Dans la ferme de monsieur Barine, près de Sétif,
l'été 1958 aurait pu s'écouler comme les autres.
Salim l'aurait passé avec Paul, le fils de la maison avec
lequel il a grandi. Cet été-là sera pourtant le dernier
de leur amitié : la guerre d'Algérie exige des deux
adolescents qu'ils choisissent leur camp…
À travers l'amitié de deux jeunes garçons, une page
d'Histoire rarement traitée en littérature jeunesse.

Si vous avez aimé…
vous aimerez

Sur le même thème
→ **Algérie**
L'Oasis
Xavier-Laurent Petit
➤ *p. 190*

Du même auteur
→ **Jean-Paul Nozière**
Eldorado
Folio Junior / Gallimard
Jeunesse

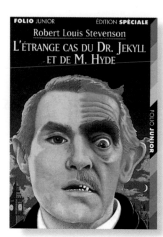

fantastique

▶ *Identité*

▶ *Londres*

L'ÉTRANGE CAS DU DR. JEKYLL ET DE M. HYDE

Robert Louis Stevenson / Illustrations de Bruno Pilorget
Folio Junior / Gallimard Jeunesse

Le docteur Jekyll, honorable médecin londonien,
dépose chez son notaire un testament faisant de
"son ami et bienfaiteur Edward Hyde" son héritier.
Peu après, le notaire apprend que le dénommé Hyde
a dû dédommager une famille pour avoir sauvage-
ment brutalisé une fillette. Le chèque était signé
de la main du docteur Jekyll…
Le bien et le mal incarnés dans un même homme.
Stevenson imagina cette intrigue au cours d'une
nuit de cauchemar. À lire pour avoir vraiment
très très peur.

Si vous avez aimé…
vous aimerez

Du même auteur
➔ **Robert Louis Stevenson**
L'Île au trésor
➤ *p. 168*

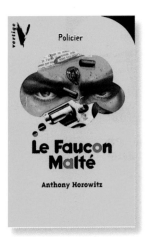

vertige V
Policier

Le Faucon Malté

Anthony Horowitz

facile

policier

▶ *Cadavres*

▶ *Parodie*

LE FAUCON MALTÉ

Anthony Horowitz / Illustrations de Marc Daniau
Vertige Policier / Hachette Jeunesse

Un nain au comportement étrange confie à Nick
un paquet qui semble semer des cadavres comme
le Petit Poucet des cailloux. Pourtant, il s'agit d'une
simple boîte de chocolats maltés : de petites boules
qui croustillent sous la dent. Avec son frère et
détective privé sous-doué Herbert, Nick se lance
dans une enquête trépidante, parodie burlesque
de l'univers du roman noir américain, et notamment
de Chandler.
Un livre unique, entre trouille et fou rire, à lire à tous
les degrés… surtout le second.

Portrait de l'auteur p. 224.

Si vous avez aimé…
vous aimerez

Dans le même genre
➔ **Policier**
Allô ! Ici le tueur
Jay Bennett
➤ *p. 142*

Du même auteur
➔ **Anthony Horowitz**
L'Île du crâne
➤ *p. 170*

policier

▶ *Travail des enfants*

▶ *Italie*

FIÈVRE JAUNE

Carlo Lucarelli
Vertige Policier / Hachette Jeunesse

Alors qu'il part pour son premier jour de travail comme inspecteur de police à Bologne, Vittorio se fait emboutir par un petit Chinois juché sur un scooter. Terrorisé, le gamin disparaît. Vittorio, qui tente de le retrouver avec le concours de sa sœur et d'une belle collègue asiatique, découvre les ateliers clandestins où la Triade, la mafia chinoise, tient les enfants en esclavage…
Un polar très actuel et un inspecteur sympathique et assez gauche qui fait penser à Columbo.

Si vous avez aimé… vous aimerez

Dans le même genre
→ **Policier**
L'assassin est au collège
Marie-Aude Murail
➤ *p. 145*

Du même auteur
→ **Carlo Lucarelli**
Le Trille du diable
Page Noire / Gallimard Jeunesse

c'est la vie

▶ *Amour*

▶ *Musique*

▶ *Vocation*

▶ *Journal intime*

bon lecteur
●●○

LA FILLE DE 3ᵉᵐᵉ B

Christian Grenier
Cascade Pluriel / Rageot

Pierre, seize ans, est amoureux de son piano…
et de Jeanne, une élève de troisième. Un soir, à Pleyel,
il se trouve obligé de remplacer son professeur pour
un concert. C'est un triomphe, le début d'une carrière
prometteuse sous le pseudonyme de Paul Niemand.
Jeanne ignore qui se cache derrière ce mystérieux
virtuose dont elle s'éprend peu à peu…
Le journal intime de Pierre nous livre son histoire
avec le romantisme et la légèreté caractéristiques
des amours adolescentes.

Dans la même série : Le Pianiste sans visage.

Portrait de l'auteur p. 222.

Si vous avez aimé… vous aimerez

Dans le même genre
→ **C'est la vie**
**Journal secret d'Adrien
13 ans 3/4**
Sue Townsend
➤ p. 174

Sur le même thème
→ **Musique**
**Croisière en meurtre
majeur**
Michel Honaker
➤ p. 153

Du même auteur
→ **Christian Grenier**
**Virus L.I.V. 3 ou
La Mort des livres**
➤ p. 213

Yaël Hassan

un grand père tombé du ciel

COMME LA VIE

casterman
DIX & PLUS

facile
●○○

histoire

▸ Judaïsme

▸ Guerre 39-45

▸ Antisémitisme

▸ Journal intime

▸ Grand-père

UN GRAND-PÈRE TOMBÉ DU CIEL

Yaël Hassan / Illustrations de Marcelino Truong
Romans Dix & Plus / Casterman

Leah croit que ses grands-parents sont morts pendant la guerre. Et voilà que, tout à coup, son grand-père débarque dans sa vie. Au bonheur des retrouvailles, succède bientôt une franche animosité. Alex Katz, le grand-père, se montre carrément désagréable. Leah va devoir l'apprivoiser avant de connaître son terrible secret…

La tragédie du peuple juif, mais aussi ses fêtes et ses traditions, vues à travers l'émouvante découverte d'un grand-père par sa petite-fille. Un livre dont il ne faut pas se séparer.

Portrait de l'auteur p. 223.

Si vous avez aimé… vous aimerez

Dans le même genre
→ Histoire
Voyage à Pitchipoï
Jean-Claude Moscovici
➤p. 215

Du même auteur
→ Yaël Hassan
La Promesse
Castor Poche Senior / Flammarion-Père Castor

humour

▶ *Bande d'enfants*

▶ *Trésor*

LA GUERRE DES BOUTONS

Louis Pergaud / Illustrations de Claude Lapointe
Folio Junior / Gallimard Jeunesse

Entre "ceusses" de Velrans et "ceusses" de Longeverne, la guerre fait rage. Et qui dit guerre, dit butin : leur butin à eux, ce sont les boutons. Or, pour ne pas perdre ses boutons, il n'y a qu'un seul moyen… Un argot savoureux, des batailles épiques et l'inoubliable Tigibus sont les marques de ce chef-d'œuvre joyeux pour lequel Louis Pergaud a puisé dans ses souvenirs d'enfance.
Traduit dans presque toutes les langues, il a également inspiré à Yves Robert un film devenu, lui aussi, un classique.

Si vous avez aimé… vous aimerez

Sur le même thème
➜ **Bande d'enfants**
Les Disparus de Saint-Agil
Pierre Véry
➤ *p. 154*

dès **11-12 ans**

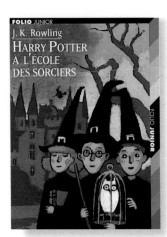

indispensable

fantastique

▶ *Sorciers*

▶ *École*

facile

HARRY POTTER À L'ÉCOLE DES SORCIERS

J.K. Rowling
Folio Junior / Gallimard Jeunesse

Depuis la mort de ses parents, Harry vit chez son
oncle et sa tante, les horribles Dursmley. Le jour de ses
onze ans, il reçoit une lettre, deux lettres, des milliers
de lettres qu'ils lui interdisent de lire. Le géant Hagrid
se déplace donc en personne pour lui apprendre
qu'il est attendu à l'école des sorciers…
Un phénomène de librairie qui apporte un peu de
magie au quotidien. Mais attention, ce livre exerce
bien un maléfice sur ses lecteurs : quand on le
commence, on ne le lâche plus !

*Dans la même série : Harry Potter et la Chambre aux secrets,
Harry Potter et le Prisonnier d'Azkaban.*

Si vous avez aimé…
vous aimerez

Dans le même genre
→ Fantastique
L'Île du crâne
Anthony Horowitz
➤ *p. 170*

indispensable

Par une belle soirée du mois de septembre 1886, la famille Keller était réunie au salon. Le capitaine Keller lisait distraitement son journal

bon lecteur

c'est la vie

▶ *Handicap*

▶ *Histoire vraie*

▶ *Amitié*

▶ *Générosité*

L'HISTOIRE D'HELEN KELLER

Lorena A. Hickok
Pocket Junior / Pocket Jeunesse

À la suite d'une maladie, Helen devient aveugle, sourde et muette. Brisés, ses parents abandonnent peu à peu tout espoir de la sortir de l'isolement auquel elle est condamnée. Pourtant, une jeune institutrice va parvenir, à force de patience et de dévouement, à lui apprendre le langage des signes, puis la parole. Une histoire vraie et, par là, d'autant plus touchante, racontée avec simplicité et pudeur. L'un des livres les plus authentiques écrits sur la "différence".

Si vous avez aimé... vous aimerez

Sur le même thème
→ Handicap
Mon drôle de petit frère
Elizabeth Laird
➤ p. 112 (dès 9-10 ans)

très bon lecteur
● ● ●

aventure

▶ *Voyage*

▶ *Pirates*

▶ *Mer*

▶ *Île*

▶ *Trésor*

L'ÎLE AU TRÉSOR

Robert Louis Stevenson / Illustrations de George Roux
Folio Junior / Gallimard Jeunesse

Un petit port anglais, la modeste auberge de
"l'amiral Benbow", un vieux marin à la jambe de bois,
une étrange et menaçante tache noire, une tuerie
entre pirates, un coffre, un jeune garçon curieux et…
une carte indiquant l'emplacement d'un trésor
enfoui sur une île déserte.
Des personnages inoubliables, une aventure
fascinante, du fantastique, du suspense, de l'effroi :
il faut embarquer sans tarder dans ce livre de légende
qui a donné au mythe de la chasse au trésor son
expression la plus aboutie.

Si vous avez aimé…
vous aimerez

Dans le même genre
→ Aventure
**Le Tour du monde en
quatre-vingts jours**
Jules Verne
➤ *p. 208*

Sur le même thème
→ Pirates
Moonfleet
John Meade Falkner
*Folio Junior/ Gallimard
Jeunesse*

Du même auteur
**→ Robert Louis
    Stevenson**
**L'Étrange Cas du
Dr. Jekyll et de
M. Hyde**
➤ *p. 160*

POCKET *junior*

L'île des Chevaux

Eilis Dillon

Roman

Lorsqu'il m'arrive aujourd'hui de penser à l'île des Chevaux, je la revois telle qu'elle m'apparut du bateau, la première fois que j'y

bon lecteur

indispensable

nature-animaux

▶ *Animaux (cheval)*

▶ *Île*

▶ *Fantômes*

L'ÎLE DES CHEVAUX

Eilis Dillon
Pocket Junior / Pocket Jeunesse

De vieilles légendes courent sur l'île des Chevaux, dans la baie de Galway. Des fantômes de cavaliers espagnols arracheraient au rivage quiconque s'aventurerait sur l'île et l'engloutiraient dans la mer. Pourtant, Pat et Danny décident de se rendre sur l'île pour en ramener un poulain…

Les côtes sauvages du Connemara comme si vous y étiez. On entendrait presque le galop des chevaux et le fracas des vagues sur les rochers dans ce récit magique, sans jamais perdre sa vraisemblance.

Si vous avez aimé…
vous aimerez

Dans le même genre
→ Nature-Animaux
Mon Amie Flicka
Mary O'Hara
➤ *p. 183*

Fanta-stique

vertige

L'Île du Crâne

Anthony Horowitz

facile
●●○○

indispensable

fantastique

▶ Sorciers

▶ École

▶ Pension

▶ Île

L'ÎLE DU CRÂNE

Anthony Horowitz / Illustrations de Benoit Dartigues
Vertige Fantastique / Hachette Jeunesse

Renvoyé du collège, David est expédié par ses parents à Grossham Grange, sur la sinistre île du Crâne. La pension ressemble à un château hanté et les professeurs semblent participer à un casting pour *La Nuit des morts-vivants*. David va peu à peu comprendre qu'il est tombé dans une école de sorciers. Mais, finalement, quand elle permet de faire apparaître des milk-shakes à volonté, la sorcellerie a du bon…
Ambiance macabre et humour noir à tous les coins de pages. Bref, comme un train fantôme, la cocasserie en plus !

Portrait de l'auteur p. 224.

Si vous avez aimé… vous aimerez

Dans le même genre
→ **Fantastique**
Harry Potter à l'école des sorciers
J. K. Rowling
➤ *p. 166*

Du même auteur
→ **Anthony Horowitz**
Maudit Graal
Vertige Fantastique / Hachette Jeunesse

souris noire

Ippon
Jean-Hugues Oppel

SYROS
jeunesse

policier

▶ *Judo*

▶ *Psychopathe*

▶ *Cadavre*

IPPON

Jean-Hugues Oppel
Souris Noire / Syros Jeunesse

Sébastien est seul avec Justine, la baby-sitter. Descendue dans la cuisine il y a un long moment, celle-ci n'est pas remontée. Il s'impatiente, va la chercher et… la trouve égorgée, baignant dans son sang. Le tueur au rasoir est toujours dans la maison. Sébastien n'a qu'un atout : c'est un passionné de judo…

Une traque sous forme de huis clos : cent pages sans respirer, les cheveux dressés sur la tête. Âmes sensibles, passez votre chemin !

Si vous avez aimé… vous aimerez

Dans le même genre
→ **Policier**
Allô ! Ici le tueur
Jay Bennett
➤ *p. 142*

Du même auteur
→ **Jean-Hugues Oppel**
Dans le grand bain
Souris Noire / Syros Jeunesse

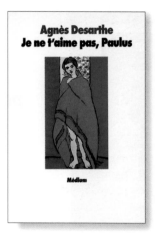

**Agnès Desarthe
Je ne t'aime pas, Paulus**

Médium

bon lecteur

JE NE T'AIME PAS, PAULUS

Agnès Desarthe
Médium / L'école des Loisirs

"Il y a Paulus Stern qui est amoureux de toi." Voilà ce que Julia apprend de la bouche de sa meilleure amie. Elle devrait s'évanouir de bonheur : toutes les filles rêvent de séduire le beau Paulus Stern. Eh bien, pas du tout, Julia se méfie ! Est-ce qu'il ne s'agirait pas de l'un de ces paris idiots pour lequel un garçon charmant doit séduire le laideron du coin ? Exactement le genre de livre que l'on a envie de lire lorsque l'on a quatorze ans et pas une folle confiance en soi. Tonique et revigorant.

Portrait de l'auteur p. 221.

*Si vous avez aimé...
vous aimerez*

Dans le même genre
→ **C'est la vie**
Trois Amies
Judy Blume
➤ *p. 210*

Du même auteur
→ **Agnès Desarthe**
Je manque d'assurance
Médium / L'école des loisirs

Richard Bach

Jonathan Livingston
le goéland

CASTOR POCHE
Flammarion

nature-animaux

▶ *Animaux (goéland)*

▶ *Solitude*

▶ *Différence*

JONATHAN LIVINGSTON LE GOÉLAND

Richard Bach / Illustrations de Gérard Franquin
Castor Poche Senior / Flammarion-Père Castor

Jonathan est un goéland singulier. Il refuse de voler
uniquement pour se nourrir. Il veut voler pour
le plaisir : toujours plus vite, toujours plus haut.
Il finira pas être chassé de son clan, condamné à une
vie solitaire jusqu'au jour où il rencontrera d'autres
adeptes du vol libre…
L'auteur, un passionné d'aviation, traduit ainsi l'histoire
de Jonathan : "Exigez la liberté comme un droit,
soyez ce que vous voulez être. Découvrez ce que
vous aimeriez faire et faites tout votre possible pour
y parvenir."

*Si vous avez aimé…
vous aimerez*

**Dans le même genre
→ Nature-Animaux
Nicostratos**
Éric Boisset
➤ *p. 187*

**Sur le même thème
→ Différence
Le Petit Prince**
Antoine de Saint-Exupéry
➤ *p. 117 (dès 9-10 ans)*

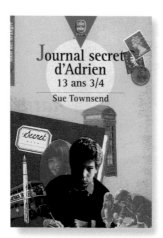

c'est la vie

▶ *Amour*

▶ *Famille*

▶ *Lycée*

▶ *Journal intime*

bon lecteur
● ● ○

JOURNAL SECRET D'ADRIEN 13 ANS 3/4

Sue Townsend
Le Livre de Poche Senior / Hachette Jeunesse

Adrien tient minutieusement son journal. Il a "treize ans trois quart", une vigoureuse crise d'acné et un tas de problèmes : ses parents se séparent par intermittences, il est convaincu d'être un intellectuel, appartient à un groupe caritatif, s'occupe d'un vieillard assez usant et tombe amoureux d'une Pandora qui, bien sûr, s'en fiche…
La vie d'un adolescent décrite avec un humour très britannique et une grande sincérité. Ce classique du journal intime a connu un immense succès en Angleterre.

**Si vous avez aimé...
vous aimerez**

Dans le même genre
→ **C'est la vie**
**Léo des villes,
Léo des champs**
Jean-Philippe
Arrou-Vignod
➤ p. 175

Sur le même thème
→ **Journal intime**
**Je ne veux plus jamais
avoir 13 ans**
Patricia Bullit
*Le Livre de Poche Senior /
Hachette Jeunesse*

ALLER SIMPLE

c'est la vie

▶ *Vacances*

▶ *Grand-mère*

▶ *Divorce*

▶ *Redoublement*

bon lecteur
● ● ○

LÉO DES VILLES, LÉO DES CHAMPS

Jean-Philippe Arrou-Vignod
Aller Simple / Éditions Thierry Magnier

Léo a l'impression d'être coupé en deux : entre son père et sa mère depuis leur divorce, entre sa première et sa deuxième sixième… Ses parents l'envoient chez sa grand-mère, une institutrice à la retraite bourrée de principes.

Rien de mièvre ni de convenu dans ce roman qui sent bon la campagne : juste la renaissance d'un jeune garçon qui manque d'assurance, mais pas d'idées. Cent pages de mots justes.

Portrait de l'auteur p. 218.

Si vous avez aimé… vous aimerez

Dans le même genre
➔ **C'est la vie**
Mon Bel Oranger
José Mauro de Vasconcelos
➤ *p. 184*

Du même auteur
➔ **Jean-Philippe Arrou-Vignod**
L'Omelette au sucre
Folio Junior / Gallimard Jeunesse

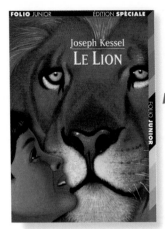

nature-animaux

▶ *Animaux (lion)*

▶ *Afrique*

▶ *Amitié*

bon lecteur

LE LION

Joseph Kessel / Illustrations de Philippe Mignon
Folio Junior / Gallimard Jeunesse

Une immense réserve au pied du Kilimandjaro. Fille du gouverneur de la réserve, Patricia, dix ans, est une petite fille solitaire. On l'appelle "l'enfant du lion". En effet, elle a recueilli King quand il n'était qu'un lionceau et, avec elle, le fauve se comporte comme un matou indolent. Mais, chez les Massaïs, pour devenir des hommes, les jeunes doivent tuer un lion… Pour voir bondir les impalas, entendre résonner les chants lancinants des Massaïs et… pleurer d'émotion. Un livre rare.

Si vous avez aimé… vous aimerez

Sur le même thème
→ Animaux (lion)
Le Lion blanc
Michaël Morpurgo
Folio Junior / Gallimard Jeunesse

Du même auteur
→ Joseph Kessel
Le Petit Âne blanc
Folio Junior / Gallimard Jeunesse

Kathleen Karr

La longue marche des dindes

Neuf de l'école des loisirs

aventure

- ◗ *Voyage*
- ◗ *Animaux (dindes)*
- ◗ *Générosité*
- ◗ *Courage*
- ◗ *Amérique*

bon lecteur

LA LONGUE MARCHE DES DINDES

Kathleen Karr
Neuf / L'école des loisirs

Simon s'apprête à redoubler pour la cinquième fois lorsque son institutrice, la seule personne qui ait confiance en lui, lui conseille de "déployer ses ailes". L'expression est prémonitoire, car son premier travail consiste à convoyer à pied un troupeau de mille dindes à travers les États-Unis…

Une odyssée désopilante, entre gloussements et claquements d'ailes, au cours de laquelle Simon va se découvrir des trésors insoupçonnés de courage et de volonté. À la fin, il aura "trouvé sa place en ce monde".

Si vous avez aimé… vous aimerez

Dans le même genre
→ Aventure
Les Aventures de Tom Sawyer
Mark Twain
➤ p. 146

Sur le même thème
→ Voyage
Le Voyage à rebours
Sharon Creech
➤ p. 216

Médium

nature-animaux

▶ *Solitude*

▶ *Robinson*

très bon lecteur

MA MONTAGNE

Ecrit et illustré par Jean George
Médium / L'école des loisirs

Habiter une maison nichée au creux d'un arbre, savoir
allumer un feu, fabriquer des hameçons et des pièges,
coudre ses vêtements dans une peau de bête, avoir
pour compagnons un faucon, une belette et un raton
laveur qui louche… Voilà le rêve que Sam a réalisé.
Pourtant, personne ne l'avait cru quand il avait dit
qu'il partirait vivre sur le terrain de son arrière-grand-
père, au fin fond des Appalaches…
L'histoire de ce jeune Robinson des bois est un
bouleversant hommage à la vie sauvage.

Si vous avez aimé… vous aimerez

Sur le même thème
→ Robinson
**Vendredi ou
La Vie sauvage**
Michel Tournier
➤ *p. 211*

fantastique

▶ *Quête*

▶ *Magie*

bon lecteur

LE MAGICIEN D'OZ

L. Frank Baum / Illustrations de William Wallace Denslow
Folio Junior / Gallimard Jeunesse

Dorothée habite le Kansas. Un jour, un cyclone les emporte, elle et son petit chien Toto, et les dépose dans un pays d'une beauté prodigieuse. Les Grignotins leur apprennent que seul Oz, le grand magicien de la cité d'Émeraude, a le pouvoir de les renvoyer chez eux. Au cours de leur périple vers cette cité magique, ils vont rencontrer d'étranges personnages, du lion poltron à l'épouvantail en mal de cervelle… Épisodes cocasses et clins d'œil complices : un magnifique récit initiatique… pour sourire et s'émerveiller.

*Si vous avez aimé…
vous aimerez*

Dans le même genre
→ Fantastique
Peter Pan
James Matthew Barrie
➤ *p. 196*

histoire

▶ *Guerre 39-45*

▶ *Antisémitisme*

▶ *Nazisme*

bon lecteur

LA MAISON VIDE

Claude Gutman / Illustrations de Philippe Mignon
Folio Junior / Gallimard Jeunesse

Une famille juive, à Paris, sous l'Occupation allemande.
Le père, un émigré polonais, est émerveillé de se
trouver en France, pays des libertés. Il refuse de croire
au danger. Malgré tout, chaque soir, il envoie son fils
David dormir chez des voisins. Ceci le sauvera le jour
de la rafle du Vél' d'Hiv, quand il verra ses parents
arrêtés et emmenés vers une destination inconnue…
Envies de vengeance, haine, révolte, douleur : ce livre
est un cri, celui d'un adolescent qui se sent coupable
d'être vivant.

Dans la même série : L'Hôtel du retour, Rue de Paris.

Portrait de l'auteur p. 223.

Si vous avez aimé…
vous aimerez

Sur le même thème
→ **Antisémitisme**
**Un grand-père tombé
du ciel**
Yaël Hassan
➤ *p. 164*

Du même auteur
→ **Claude Gutman**
Pistolet-souvenir
*Pocket Junior / Pocket
Jeunesse*

humour

▶ *Apparences*

▶ *Nouvelles*

très bon lecteur
● ● ●

MIEUX VAUT EN RIRE

Roald Dahl
Gallimard Jeunesse

Douze nouvelles grinçantes où l'on voit qu'il ne faut pas se fier aux apparences, surtout lorsqu'elles sont bonnes. Cette charmante vieille dame qui ne veut à aucun prix manquer son avion, ce maître d'hôtel de si bons conseils, ce gentleman prêt à échanger un magnifique parapluie contre un malheureux billet d'une livre : tous cachent quelque chose, et ce n'est pas joli joli…
Ces nouvelles font penser aux histoires courtes d'Alfred Hitchcock. Le meilleur des sésames pour entrer dans l'univers adulte de ce conteur hors pair.

Portrait de l'auteur p. 220.

**Si vous avez aimé…
vous aimerez**

Dans le même genre
→ **Humour**
Zazie dans le métro
Raymond Queneau
➤ *p. 217*

Du même auteur
→ **Roald Dahl**
Sacrées Sorcières
➤ *p. 122 (dès 9-10 ans)*

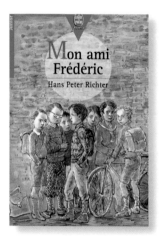

indispensable

histoire

▶ *Amitié*

▶ *Guerre 39-45*

▶ *Antisémitisme*

▶ *Nazisme*

bon lecteur

MON AMI FRÉDÉRIC

Hans Peter Richter / Illustrations de Mette Ivers
Le Livre de Poche Junior / Hachette Jeunesse

Hans et Frédéric sont dans la même école et habitent le même immeuble. Ils sont devenus inséparables. Mais Frédéric est juif et, dans l'Allemagne hitlérienne, mieux vaut ne pas l'être. Rapidement, les vexations se transforment en violences. En 1942, un jour où Frédéric voudra se réfugier à la cave pour échapper aux bombardements, on ne le laissera pas entrer… Une écriture d'une grande sobriété au service de cet ouvrage sur la vie quotidienne en Allemagne pendant la Seconde Guerre mondiale.

Si vous avez aimé… *vous aimerez*

Dans le même genre
→ Histoire
L'Ami retrouvé
Fred Uhlman
➤ p. 143

Du même auteur
→ Hans Peter Richter
J'avais deux camarades
Le Livre de Poche Senior / Hachette Jeunesse

FOLIO JUNIOR — ÉDITION **SPÉCIALE**

Mary O'Hara
MON AMIE FLICKA

nature-animaux

▶ *Animaux (cheval)*

▶ *Responsabilités*

bon lecteur
● ● ○

MON AMIE FLICKA

Mary O'Hara / Illustrations de Willi Glasauer
Folio Junior / Gallimard Jeunesse

Ken rêve d'avoir un cheval – quoi de plus normal
quand on habite un ranch ? Ses parents cèdent,
espérant que la charge d'un poulain fera de lui un
garçon responsable. Contre l'avis de tous, il choisit
la fougueuse Flicka. Mais la pouliche se blesse sur
une clôture. Il va falloir l'abattre. Pendant la nuit, Ken
se lève en cachette pour aller lui dire adieu…
Une histoire de chevaux qui est avant tout une histoire
humaine. D'accord, on pleure, mais de ces larmes
qui réchauffent le cœur.

*Dans la même série : Le Fils de Flicka, L'Herbe verte du Wyoming,
Le Ranch de Flicka.*

Si vous avez aimé...
vous aimerez

Dans le même genre
→ Nature-Animaux
Le Poney rouge
John Steinbeck
➤ *p. 200*

Sur le même thème
→ Responsabilités
Bébés de farine
Anne Fine
➤ *p. 149*

indispensable

c'est la vie

▶ *Amitié*

▶ *Pauvreté*

▶ *Séparation*

▶ *Brésil*

bon lecteur
●●○

MON BEL ORANGER

José Mauro de Vasconcelos
Le Livre de Poche Junior / Hachette Jeunesse

Zézé est Brésilien. Né dans une famille pauvre où tout le monde le maltraite, sauf sa sœur Gloria, il a été élevé dans la rue et y a tout appris : de la lecture au troc de billes. Quand il est vraiment trop malheureux, c'est auprès de Minguinho, un pied d'oranges douces, qu'il va trouver du réconfort. Cet arbre lui parle comme personne ne sait le faire…
Une histoire touchante et inattendue qui, depuis bientôt trente ans, continue d'émouvoir ses jeunes lecteurs.

Si vous avez aimé… vous aimerez

Dans le même genre
→ **C'est la vie**
Léo des villes, Léo des champs
Jean-Philippe
Arrou-Vignod
▶ *p. 175*

Du même auteur
→ **José Mauro de Vasconcelos**
Allons réveiller le soleil
Le Livre de Poche Junior / Hachette Jeunesse

Xavier-Laurent Petit

Le monde d'en haut

SCIENCE-FICTION

ROMANS
casterman
DIX & PLUS

science-fiction

▶ *Pollution*

▶ *Terrorisme*

▶ *Liberté*

bon lecteur
●●●

LE MONDE D'EN HAUT

Xavier-Laurent Petit / Illustrations de Marcelino Truong
Romans Dix & Plus / Casterman

Les survivants des Grandes Pollutions de 2022 se sont réfugiés sous terre, dans Suburba, où ils ont créé de nouvelles villes. La plupart se sont habitués à cette vie de taupe, mais pas Lukas. Sa petite sœur Élodie raconte son histoire : il fait partie d'un groupe "terroriste" en lutte contre l'univers totalitaire de Suburba. Son idéal : le monde d'en haut…
Un récit de science-fiction, certes, mais aussi une fable philosophique sur les dangers de la pollution, le prix de la sécurité et celui de la liberté.

Si vous avez aimé… vous aimerez

Dans le même genre
→ Science-fiction
Les Enfants de Noé
Jean Joubert
➤ *p. 158*

Du même auteur
→ Xavier-Laurent Petit
L'Oasis
➤ *p. 190*

très bon lecteur
●●●

policier

▶ *Énigme*

LE MYSTÈRE DE LA CHAMBRE JAUNE

Gaston Leroux / Illustrations de Philippe Munch
Folio Junior / Gallimard Jeunesse

Un mystérieux individu a tenté d'assassiner miss
Stangerson. Chose étrange, il est parvenu à s'échapper
de la chambre jaune alors qu'elle était fermée de
l'intérieur. S'agirait-il d'un passe-murailles ?
Rouletabille, mi-reporter, mi-détective, conduit
son enquête dans une atmosphère oppressante…
Ce classique de la littérature policière parut pour la
première fois en feuilleton, en 1907, dans *L'Illustration*.
L'intrigue est palpitante, le coup de théâtre final
inattendu.

*Si vous avez aimé…
vous aimerez*

Dans le même genre
→ **Policier**
Dix Petits Nègres
Agatha Christie
➤ *p. 155*

Du même auteur
→ **Gaston Leroux**
**Le Parfum de la dame
en noir**
*Folio Junior / Gallimard
Jeunesse*

nature-animaux

▶ *Animaux (pélican)*

▶ *Relation père/fils*

▶ *Grèce*

bon lecteur
● ● ○

NICOSTRATOS

Éric Boisset
Les Romans / Magnard Jeunesse

Depuis la mort de sa mère, Yannis vit seul avec son père, un rude pêcheur grec connu pour sa sévérité. Un jour, le petit garçon échange sa croix en or, ultime souvenir de sa mère, contre un oisillon qu'il dissimule dans sa chambre. Mais Nicostratos ne pourra pas rester longtemps caché : c'est un pélican blanc, l'un des plus grands oiseaux d'Europe…
Un style limpide au service d'un récit émouvant : les retrouvailles d'un père et d'un fils autour d'un oiseau mythique.

Si vous avez aimé… vous aimerez

Dans le même genre
→ **Nature-Animaux**
Jonathan Livingston, le goéland
Richard Bach
➤ *p. 173*

Du même auteur
→ **Éric Boisset**
Le Grimoire d'Arkandias
➤ *p. 92 (dès 9-10 ans)*

science-fiction

▸ *Racisme*

▸ *New York*

NIOURK

Stefan Wul / Illustrations de Victor de la Fuente
Folio Junior / Gallimard Jeunesse

La Terre a été ravagée par un cataclysme. Les survivants, revenus à l'état primitif, ont pour chef le vieux Thôz qui veut éliminer un enfant noir, seul rescapé de son peuple. L'enfant s'enfuit et découvre les ruines de ce qui fut jadis une ville moderne : l'immense Niourk (New York) où ne subsistent que des rats mutants…

À la fois récit de science-fiction et conte philosophique, voici un petit chef-d'œuvre qui plaira aux grands comme aux petits.

Si vous avez aimé… vous aimerez

Dans le même genre
→ Science-fiction
Slum City
Jean-Marc Ligny
➤ p. 206

Sur le même thème
→ Racisme
Café au lait et pain aux raisins
Carolin Philipps
Castor Poche Junior / Flammarion-Père Castor

Du même auteur
→ Stefan Wul
Retour à "0"
Folio Junior / Gallimard Jeunesse

Christian Lehmann

No pasarán, le jeu

Médium

indispensable

fantastique

▶ *Jeux vidéo*

▶ *Guerre*

▶ *Nazisme*

très bon lecteur

● ● ●

NO PASARÁN, LE JEU

Christian Lehmann
Médium / L'école des loisirs

Passionnés de jeux vidéo, trois garçons découvrent
un CD dont le contenu détrône tout ce qu'ils
connaissaient jusque-là dans le monde des "robots
désintégrateurs". Le virtuel bascule dans le réel
et ils se retrouvent vraiment à Verdun, Guernica
ou Stalingrad. Deux d'entre eux prennent peur, mais le
troisième, sympathisant néonazi, refuse d'arrêter…
Ce livre est un exploit, tant sont habilement croisées
guerre virtuelle et guerre réelle. À lire absolument,
pour se souvenir, qu'au-delà de l'écran, la guerre
fait mal.

Portrait de l'auteur p. 225.

Si vous avez aimé…
vous aimerez

Dans le même genre
→ Fantastique
Virus L.I.V. 3 ou
La Mort des livres
Christian Grenier
➤ *p. 213*

Sur le même thème
→ Guerre
Coup de sabre
Guillaume Guéraud
Éditions du Rouergue

Du même auteur
→ Christian Lehmann
La Citadelle des
cauchemars
Médium / L'école des loisirs

Xavier-Laurent Petit
L'oasis

Médium

c'est la vie

▶ *Algérie*

▶ *Intégrisme*

▶ *Liberté*

très bon lecteur

L'OASIS

Xavier-Laurent Petit
Médium / L'école des loisirs

Jusqu'à présent, Elmir menait une existence sans histoires. Mais des "barbus" sont montés dans le tram et ont terrorisé tout le monde, marquant ainsi le début d'une période d'épouvante ponctuée d'attentats et de meurtres. La bibliothèque où travaille la mère d'Elmir est incendiée, son père, journaliste à *La Liberté*, est menacé… L'oasis de la paix est encore loin.
C'est une rencontre avec Rachid Boudjedra qui a inspiré ce livre remarquable, poignante plongée dans une enfance brisée.

*Si vous avez aimé…
vous aimerez*

Sur le même thème
→ Algérie
Dakia, fille d'Alger
Dakia
*Castor Poche Junior /
Flammarion-Père Castor*

Du même auteur
→ Xavier-Laurent Petit
Le Monde d'en haut
➤ *p. 185*

Joëlle Stolz
Les ombres de Ghadamès
BAYARD ÉDITIONS

c'est la vie

▶ *Relation père/fille*

▶ *Relation mère/fille*

▶ *Apprentissage*

▶ *Libye*

bon lecteur
● ● ○

LES OMBRES DE GHADAMÈS

Joëlle Stolz
Bayard Éditions

Dans la Libye du XIXe siècle, hommes et femmes forment "deux mondes aussi différents que la lune et le soleil". Malika rêve d'échapper à l'existence recluse à laquelle elle est destinée. Elle a envie de voyager, de suivre les traces de la caravane de son père et, surtout, d'apprendre à lire. Un soir, les femmes de la maison recueillent un jeune homme blessé…
Le récit du passage de l'ignorance à la connaissance : une révolution intime et sociale très joliment décrite.

*Si vous avez aimé…
vous aimerez*

Dans le même genre
➔ **C'est la vie**
Samira des Quatre-Routes
Jeanne Benameur
➤ *p. 205*

policier

▶ *Informatique*

▶ *Cadavres*

facile

L'ORDINATUEUR

Christian Grenier
Cascade Policier / Rageot

L'Omnia 3 est un ordinateur perfectionné. De là à lui imputer les meurtres des six hommes retrouvés devant son moniteur… Chargée de l'enquête, la jeune Logicielle, ainsi surnommée pour ses talents informatiques, découvre que les victimes portaient sur le visage l'expression d'une horrible terreur et utilisaient toutes le très curieux programme LTGP… Les passionnés d'informatique surferont sans problème sur l'intrigue, les amateurs de polars aussi. Le polar informatique que l'on s'arrache est né.

Portrait de l'auteur p. 222.

Si vous avez aimé… vous aimerez

Dans le même genre
➔ **Policier**
Croisière en meurtre majeur
Michel Honaker
➤ *p. 153*

Du même auteur
➔ **Christian Grenier**
Virus L.I.V. 3 ou La Mort des livres
➤ *p. 213*

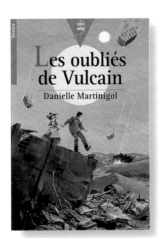

science-fiction

◗ *Écologie*

◗ *Maladie*

◗ *Génétique*

facile

LES OUBLIÉS DE VULCAIN

Danielle Martinigol / Illustrations de Manchu
Le Livre de Poche Senior / Hachette Jeunesse

Charley a quinze ans lorsqu'il apprend qu'il n'est
pas vraiment un humain, mais un cobaye, fabriqué
de toutes pièces grâce aux "progrès" de la génétique.
Bouleversé, il s'enfuit, caché dans une benne à ordures,
et atterrit sur Vulcain, la planète-poubelle de
l'espace…
Les passionnés d'écologie comme les amateurs de
SF adhèreront sans retenue à cette histoire.

Si vous avez aimé… vous aimerez

Dans le même genre
→ Science-fiction
Niourk
Stefan Wul
➤ *p. 188*

Sur le même thème
→ Écologie
Cousu de fil noir
Yves Pinguilly
*Le Furet enquête / Albin
Michel Jeunesse*

Du même auteur
→ Danielle Martinigol
L'Or bleu
*Le Livre de Poche Senior /
Hachette Jeunesse*

FOLIO JUNIOR

Jean Webster
PAPA-LONGUES-JAMBES

66 Cela semble étrange
d'écrire des lettres
à quelqu'un que l'on
ne connaît pas... 99

FOLIO JUNIOR

c'est la vie

▶ *Amour*

▶ *Correspondance*

▶ *Université*

bon lecteur
●●○

PAPA-LONGUES-JAMBES

Écrit et illustré par Jean Webster
Folio Junior / Gallimard Jeunesse

Judy Abbott mène une existence de Cendrillon dans l'orphelinat où elle a grandi. Un bienfaiteur anonyme offre alors de lui payer des études à l'Université moyennant une lettre par mois. Judy accepte et entame avec l'inconnu, qu'elle baptise "Papa-Longues-Jambes", une longue correspondance dans laquelle elle se révèle…
Une succession de lettres délicieuses au fil desquelles Judy parvient à séduire son mécène comme ses lecteurs. Révélation d'une jeune fille et d'une histoire d'amour.

Si vous avez aimé…
vous aimerez

Dans le même genre
➔ **C'est la vie**
**Les Quatre Filles
du docteur March**
Louisa May Alcott
➤ *p. 202*

indispensable

science-fiction

❯ *Totalitarisme*

❯ *Différence*

❯ *Mémoire*

bon lecteur
● ● ●

LE PASSEUR

Lois Lowry
Médium / L'école des loisirs

Jonas va avoir douze ans. Il vit dans une société
où n'existent ni guerre, ni pauvreté, ni chômage,
ni couleurs, ni animaux… Cette société est composée
d'individus amnésiques et parfaits dont les vieux et
les nourrissons, trop faibles, ont été éliminés. Personne
ne se rebelle, tout le monde semble ignorer qu'il puisse
en être autrement. Seul "le passeur" peut garder la
mémoire. Et Jonas est désigné pour être ce passeur…
Un récit qui ne dit qu'une chose, mais qui la dit si bien :
"Méfiez-vous des sociétés idéales !"

*Si vous avez aimé…
vous aimerez*

Dans le même genre
→ Science-fiction
Le Monde d'en haut
Xavier-Laurent Petit
➤ *p. 185*

Sur le même thème
→ Totalitarisme
**Virus L.I.V.3 ou
La Mort des livres**
Christian Grenier
➤ *p. 213*

**Du même auteur
→ Lois Lowry**
Compte les étoiles
Neuf / L'école des loisirs

fantastique

▶ Bande d'enfants

▶ Pirates

▶ Fées

▶ Île

bon lecteur
●●○

PETER PAN

James Matthew Barrie / Illustrations de Jan Ormerod
Folio Junior / Gallimard Jeunesse

"Tous les enfants, sauf un, grandissent", dit la première phrase du livre. Peter Pan est celui qui a refusé de grandir. Une nuit, il va chercher Wendy, Michael et John, leur apprend à voler et les guide dans les airs vers le Pays de Nulle Part, une île où les rêves deviennent réalité. Ce royaume est habité par des fées, des sirènes, mais aussi par le terrible capitaine Crochet et son ennemi de toujours, le crocodile…
Mille fois racontée et reracontée, cette histoire douce-amère mérite d'être lue dans sa version originale.

Si vous avez aimé… vous aimerez

Dans le même genre
→ **Fantastique**
Le Petit Prince
Antoine de Saint-Exupéry
➤ *p. 117 (dès 9-10 ans)*

Sur le même thème
→ **Bande d'enfants**
Sa Majesté des mouches
William Golding
Folio Junior / Gallimard Jeunesse

nature-animaux

▶ *Indiens*

▶ *Racisme*

▶ *Grands-parents*

▶ *Histoire vraie*

très bon lecteur
● ● ●

PETIT ARBRE

Forrest Carter
Le Livre de Poche Senior-Mon bel oranger / Hachette Jeunesse

Orphelin à cinq ans, Petit Arbre est recueilli par
ses grands-parents cherokees qui l'emmènent vivre
dans leur cabane de rondins, au cœur des montagnes
du Tennessee. Peu à peu, ils lui enseignent leurs
traditions, leur culture et lui apprennent à déchiffrer
les secrets de la nature…
Un récit autobiographique passionnant et un
poignant témoignage sur la vie des Indiens dans les
années 1930. Une bouffée d'oxygène, loin du faux
"pittoresque" indien.

Si vous avez aimé… vous aimerez

Dans le même genre
→ Nature-Animaux
Ma Montagne
Jean George
➤ *p. 178*

Sur le même thème
→ Indiens
Géronimo, le dernier chef apache
Leigh Sauwervein
Folio Junior / Gallimard Jeunesse

aventure

▶ *Conte*
▶ *Grand-mère*
▶ *New York*
▶ *Liberté*

bon lecteur
● ● ● ○

LE PETIT CHAPERON ROUGE À MANHATTAN

Carmen Martin Gaite
Castor Poche Senior / Flammarion-Père Castor

Le Petit Chaperon rouge revu et corrigé à l'américaine.
L'affaire se passe à New York. La grand-mère est une
ancienne chanteuse de music-hall, la galette une tarte
aux fraises et le loup un milliardaire prêt à tout pour
mettre la main sur la recette de la Mère Grand.
Reste un autre personnage : une certaine madame
Lunatic qui évoque irrésistiblement la statue
de la Liberté…
Un roman imprévisible qui semble n'avoir choisi
le cadre de ce conte que pour mieux s'en évader :
une belle métaphore de la liberté.

Si vous avez aimé…
vous aimerez

Sur le même thème
→ New York
Allô ! Ici le tueur
Jay Bennett
➤ *p. 142*

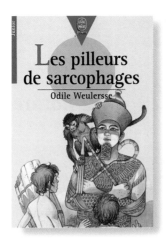

facile
● ○ ○

histoire

▶ *Égypte ancienne*

LES PILLEURS DE SARCOPHAGES

Odile Weulersse / Illustrations de Paul et Gaétan Brizzi
Le Livre de Poche Junior / Hachette Jeunesse

À quinze ans, Tétiki est un vrai résistant. Il vit en Haute-Égypte et veut libérer son pays de l'occupation des Hyksos, établis en Basse-Égypte depuis plus d'un siècle. Avec le concours d'un nain et d'un singe, il va devoir découvrir avant eux la sépulture secrète de Taa et protéger sa momie…
Espions, désert, pharaons, momies, pyramides et chacals… Un roman d'aventure dont les jeunes lecteurs se délectent depuis une quinzaine d'années.

Si vous avez aimé… vous aimerez

Dans le même genre
→ Histoire
L'Affaire Caïus
Henry Winterfeld
➤ *p. 141*

Sur le même thème
→ Égypte
L'Œil d'Horus
Alain Surget
Castor Poche Senior / Flammarion-Père Castor

Du même auteur
→ Odile Weulersse
Le Chevalier au bouclier vert
Le Livre de Poche Junior / Hachette Jeunesse

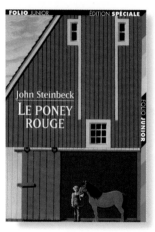

nature-animaux

▶ *Animaux (cheval)*

▶ *Responsabilités*

▶ *Ferme*

▶ *Amérique*

bon lecteur

LE PONEY ROUGE

John Steinbeck / Illustrations de Bernard Héron
Folio Junior / Gallimard Jeunesse

Jody vit avec son père et Billy Buck, le garçon d'écurie, dans un ranch en Californie. Un jour, son père lui offre un poney. Jody va devoir apprendre à s'en occuper, ce qu'il fait avec beaucoup d'amour, en suivant les conseils de Billy. Celui-ci lui dit que la pluie ne peut pas faire de mal à un cheval. Pourtant, son poney tombe malade…

Au plus près de la vie, de ses bonheurs et de ses injustices, un livre où la responsabilité d'un cheval permet à un enfant d'accéder à l'âge d'adulte.

Si vous avez aimé… vous aimerez

Dans le même genre
→ Nature-Animaux
Mon Amie Flicka
Mary O'Hara
➤ *p. 183*

Sur le même thème
→ Amérique
La Longue Marche des dindes
Kathleen Karr
➤ *p. 177*

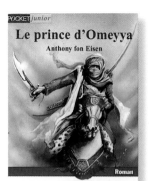

POCKET *junior*

Le prince d'Omeyya

Anthony fon Eisen

Roman

Une main s'abattit sur l'épaule du dormeur, et le secoua. "Abd al-Rahman ! Abd al-Rahman ! Éveille-toi !" Le jeune homme endormi sur le large

bon lecteur
● ● ○

aventure

❱ *Animaux (cheval)*

❱ *Histoire vraie*

❱ *Islam*

LE PRINCE D'OMEYYA

Anthony fon Eisen
Pocket Junior / Pocket Jeunesse

Le prince Abd al-Rahman, dernier survivant de la dynastie syrienne des Omeyyades, échappe au massacre de sa famille par les Abbassides. Il fuit vers l'Afrique du Nord, puis vers l'Espagne et conquiert Séville et Cordoue où il fonde une dynastie qui régnera pendant plusieurs siècles…
Une étonnante fresque historique qui plonge son lecteur dans l'univers des califes et l'atmosphère des *Mille et Une Nuits* avec des rebondissements dignes du meilleur film d'action. Dépaysement assuré.

Si vous avez aimé… vous aimerez

Dans le même genre
→ **Aventure**
Le Roi de la forêt des brumes
Michael Morpurgo
➤ *p. 203*

Sur le même thème
→ **Animaux (cheval)**
Mon Amie Flicka
Mary O'Hara
➤ *p. 183*

c'est la vie

▶ *Famille*

▶ *Sœurs*

▶ *Amérique*

bon lecteur

LES QUATRE FILLES DU DOCTEUR MARCH

Louisa May Alcott / Illustrations de Rozier-Gaudriault
Folio Junior / Gallimard Jeunesse

L'Amérique de la guerre de Sécession. Le docteur March rejoint l'armée nordiste, laissant seules sa femme et ses quatre filles, quatre sœurs aux tempéraments et aux passions opposés. Meg est sentimentale, Beth adore la musique, Jo est à la fois garçon manqué et romancière en herbe, quant à la blonde Amy, c'est une vraie coquette. Les querelles ne vont pas manquer…
Un univers féminin et le récit de la vie avec ses imprévus tantôt drôles, tantôt tragiques. Un roman certifié classique !

*Si vous avez aimé…
vous aimerez*

**Dans le même genre
→ C'est la vie**
Papa-Longues-Jambes
Jean Webster
➤ *p. 194*

**Sur le même thème
→ Famille et Amérique**
La Petite Maison dans la prairie
Laura Ingalls Wilder
*Castor Poche Junior /
Flammarion-Père Castor*

FOLIO JUNIOR — ÉDITION SPÉCIALE

Michael Morpurgo

LE ROI DE LA FORÊT DES BRUMES

66 Il deviendra le roi de la forêt des brumes. Il régnera au milieu des nuages... 99

FOLIO JUNIOR

aventure

▶ *Voyage*

▶ *Asie*

▶ *Yéti*

bon lecteur

LE ROI DE LA FORÊT DES BRUMES

Michael Morpurgo / Illustrations de François Place
Folio Junior / Gallimard Jeunesse

1932 : le Japon envahit la Mandchourie. Ashley, un jeune Américain de quatorze ans, doit fuir la mission que dirige son père et gagner l'Inde avec Oncle Sung, un moine tibétain. En chemin, ils rencontrent un lama qui lui fait cette étrange prédiction : il deviendra "roi de la forêt des brumes". Dans l'Himalaya, Oncle Sung disparaît. Ashley se retrouve seul au pays des yétis…
Une histoire qui repose sur un mythe fascinant et nous plonge au cœur de la vie quotidienne d'êtres légendaires. Envoûtant.

*Si vous avez aimé…
vous aimerez*

Dans le même genre
➔ **Aventure**
Le Prince d'Omeyya
Anthony fon Eisen
➤ *p. 201*

Du même auteur
➔ **Michael Morpurgo**
Le Trésor des O'Brien
Folio Junior / Gallimard Jeunesse

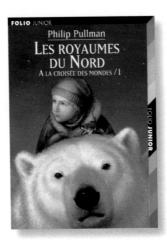

FOLIO JUNIOR

Philip Pullman

LES ROYAUMES DU NORD

À LA CROISÉE DES MONDES / 1

fantastique

▶ *Quête*

▶ *Disparition*

▶ *Grand Nord*

très bon lecteur
●●●

LES ROYAUMES DU NORD

Philip Pullman
Folio Junior / Gallimard Jeunesse

Découvrant que sa mère est responsable des disparitions d'enfants qui touchent la région, Lyra part vers le Nord à leur recherche. Dans des mondes parallèles, elle va lutter contre les forces du mal accompagnée de Pantaleïmon, son "daemon", sorte de conscience d'apparence animale et génie protecteur… Original et captivant, l'univers de Philip Pullman est une mine de trouvailles qui plongent leurs racines au plus profond des rêves. Un livre qui a fait date.

Dans la même série : La Tour des anges.

Portrait de l'auteur p. 228.

Si vous avez aimé… vous aimerez

Dans le même genre
→ **Fantastique**
Le Voleur d'éternité
Clive Barker
➤ *p. 214*

Sur le même thème
→ **Quête**
Le Seigneur des anneaux
J.R.R. Tolkien
Folio Junior / Gallimard Jeunesse

Du même auteur
→ **Philip Pullman**
J'étais un rat !
Folio Junior / Gallimard Jeunesse

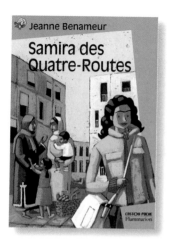

c'est la vie

▶ *Famille*

▶ *Intégration*

▶ *Banlieue*

SAMIRA DES QUATRE-ROUTES

Jeanne Benameur / Illustrations de Catherine Lachaud
Castor Poche Junior / Flammarion-Père Castor

Samira est née dans une famille algérienne immigrée
en France. A treize ans, elle a adopté le jean,
a des copains et n'est pas insensible au charme
d'un garçon de sa classe. Mais dans sa famille, où sa
sœur prépare son mariage avec un professeur d'arabe
traditionnaliste, on surveille de près ses horaires et
ses fréquentations…

Le désir d'intégration d'une petite Maghrébine
déchirée entre deux cultures. Un ton d'une telle
justesse qu'on ne peut s'empêcher d'imaginer un écho
dans la vie de l'auteur.

Portrait de l'auteur p. 219.

*Si vous avez aimé...
vous aimerez*

Dans le même genre
→ C'est la vie
**Les Ombres de
Ghadamès**
Joëlle Stolz
➤ *p. 191*

Du même auteur
→ Jeanne Benameur
Quitte ta mère
*Aller Simple / Éditions Thierry
Magnier*

Science-fiction

Slum City

Jean-Marc Ligny

science-fiction

▶ *Jeux de rôles*

▶ *Bande d'enfants*

▶ *Banlieue*

bon lecteur

SLUM CITY

Jean-Marc Ligny / Illustrations de Philippe Gauckler
Vertige Science-fiction / Hachette Jeunesse

"Zapmen" contre "Lumière Foudroyante" : deux bandes rivales s'affrontent à coups de "lance-rogoons". Mais le chef des Lumière Foudroyante triche et expédie trois Zapmen dans Slum City, un monde de misère peuplé par les "outers", les exclus. C'est pourtant là que les Zapmen vont découvrir une véritable soif de vivre, loin du cyberspace… Un style nerveux pour ce roman branché de la veine cyberpunk. Et une question : le virtuel servira-t-il de refuge aux nantis qui ne veulent pas voir l'exclusion ?

Dans la même série : Le Chasseur lent, Les Guerriers du réel.

Si vous avez aimé… vous aimerez

Dans le même genre
→ Science-fiction
Les Oubliés de Vulcain
Danielle Martinigol
➤ *p. 193*

Sur le même thème
→ Bande d'enfants
La Guerre des boutons
Louis Pergaud
➤ *p. 165*

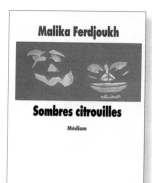

Malika Ferdjoukh

Sombres citrouilles

Médium

policier

▶ *Famille*

▶ *Secret*

▶ *Cadavre*

très bon lecteur
● ● ●

SOMBRES CITROUILLES

Malika Ferdjoukh
Médium / L'école des loisirs

31 octobre, jour de Halloween. Réunis pour l'anniversaire de leur grand-père, les enfants de la famille découvrent un cadavre dans le potager et décident de le cacher pour ne pas gâcher la fête et de mener eux-mêmes l'enquête. Celle-ci va les amener à lever le voile sur certains tabous familiaux. Les masques tombent…

Un roman sans complaisance qui en dit long sur les secrets de famille, sur les liens qui peuvent unir trois générations et sur la comédie des apparences. Salvateur.

Portrait de l'auteur p. 221.

Si vous avez aimé… vous aimerez

Sur le même thème
→ **Famille**
Le Voyage à rebours
Sharon Creech
➤ p. 216

Du même auteur
→ **Malika Ferdjoukh**
Fais-moi peur
Médium / L'école des loisirs

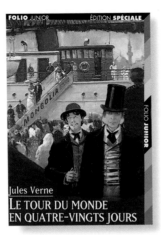

FOLIO JUNIOR — ÉDITION **SPÉCIALE**

MONGOLIA

FOLIO **JUNIOR**

Jules Verne
LE TOUR DU MONDE EN QUATRE-VINGTS JOURS

bon lecteur

aventure

▶ *Voyage*

▶ *Amour*

▶ *Pari*

LE TOUR DU MONDE EN QUATRE-VINGTS JOURS

Jules Verne / Illustrations de De Neuville et Benett
Folio Junior / Gallimard Jeunesse

Tout commence par un pari, celui que Phileas Fogg propose à ses camarades du Reform-Club de Londres, en octobre 1872. Il affirme qu'il réussira à faire le tour de la Terre en quatre-vingts jours. Un tumultueux périple semé d'embûches les attend, lui, son fidèle domestique français Passepartout et l'inspecteur Fix qui prend Fogg pour un voleur et le suit comme son ombre.
Un chef-d'œuvre, depuis longtemps consacré, doublé d'une très romantique histoire d'amour.

*Si vous avez aimé...
vous aimerez*

Dans le même genre
→ Aventure
L'île au trésor
Robert Louis Stevenson
➤ p. 168

Du même auteur
→ Jules Verne
Voyage au centre de la Terre
Folio Junior / Gallimard Jeunesse

Sur le lit, la valise était prête. Anne-Sophie de Villefranche se redressa. C'était fini : il ne manquait rien. Tout était rangé, bien ordonné. Elle avait trois quarts d'heure

bon lecteur

policier

▶ *Allemagne*

▶ *Collège*

▶ *Enlèvement*

TRAIN D'ENFER

Michel Amelin
Pocket Junior / Pocket Jeunesse

Anne-Sophie fait ses bagages : elle part en séjour linguistique en Allemagne. Soudain, son père se précipite dans sa chambre et lui fourre une disquette dans les mains. Elle devra la remettre le soir même à un mystérieux contact qui se présentera dans sa famille d'accueil. Avant d'avoir pu en dire plus, son père est enlevé par des inconnus. Ceux-ci ne tardent pas à comprendre qu'il n'a plus la disquette… Vingt-quatre heures de course-poursuite : un récit très efficace dont on sort presque haletant !

Si vous avez aimé… vous aimerez

Dans le même genre
→ Policier
Fièvre jaune
Carlo Lucarelli
➤ p. 162

Du même auteur
→ Michel Amelin
Le Secret de Jessica
Cascade 11-12 / Rageot

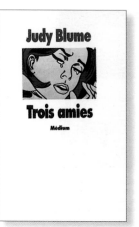

c'est la vie

▶ *Amitié*

▶ *Divorce*

▶ *Jalousie*

▶ *Amour*

facile

TROIS AMIES

Judy Blume
Médium / L'école des loisirs

Depuis l'école primaire, Stéphanie et Rachel sont inséparables : voisines, elles ont passé des centaines d'heures ensemble. Elles ont presque treize ans lorsqu'elles rencontrent Alison. A trois, l'amitié devient vite plus compliquée. Ainsi, lorsque les parents de Stéphanie décident de se séparer, celle-ci préfère ne rien dire à Rachel…
Amitiés exigeantes, petites cachotteries, grands secrets et histoires de garçons : un roman pour adolescentes écrit par une spécialiste de la question.

Portrait de l'auteur p. 219.

Si vous avez aimé…
vous aimerez

Dans le même genre
→ **C'est la vie**
Je ne t'aime pas, Paulus
Agnès Desarthe
➤ *p. 172*

Sur le même thème
→ **Amitié**
Adieu mes 12 ans
Betty Miles
Pocket Junior / Pocket Jeunesse

Du même auteur
→ **Judy Blume**
Dieu, tu es là ? C'est moi, Margaret
Médium / L'école des loisirs

aventure

▶ *Différence*

▶ *Amitié*

▶ *Île*

▶ *Robinson*

bon lecteur

VENDREDI OU LA VIE SAUVAGE

Michel Tournier / Illustrations de Georges Lemoine
Folio Junior / Gallimard Jeunesse

Un jour de septembre 1759, Robinson, seul survivant du naufrage de *La Virginie*, échoue sur l'île de Speranza et s'en déclare gouverneur. Aussi, quand il rencontre l'Indien Vendredi, le tient-il naturellement pour son esclave. Mais, finalement, les rôles s'inversent : Robinson a beaucoup à apprendre de Vendredi…
"Ce n'est plus Robinson qui apprend la civilisation à Vendredi, c'est Vendredi qui apprend la vie sauvage à Robinson", explique Michel Tournier, signant là l'une de ses plus belles histoires.

Si vous avez aimé… vous aimerez

Sur le même thème
→ **Robinson**
Ma Montagne
Jean George
➤ *p. 178*

Du même auteur
→ **Michel Tournier**
Sept Contes
Folio Junior / Gallimard Jeunesse

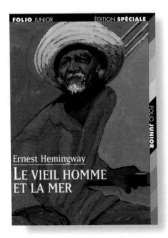

aventure

▶ Mer

▶ Courage

LE VIEIL HOMME ET LA MER

Ernest Hemingway / Illustrations de Bruno Pilorget
Folio Junior / Gallimard Jeunesse

Dans le golfe du Mexique, pendant trois jours, un vieil homme lutte, seul sur sa barque, pour capturer un espadon. Lorsqu'il le tient enfin, au prix d'un combat acharné, les requins se précipitent, ne laissant de sa prise que la tête et l'arête…

Hemingway voulait que cette histoire soit la plus réaliste possible afin qu'elle dise plus que la réalité… Brillante métaphore de la condition humaine, de sa vanité, de son désespoir, ce livre lui valut le prix Nobel de littérature en 1954.

Si vous avez aimé…
vous aimerez

Sur le même thème
→ Mer
Moby Dick
Herman Melville
Le Livre de Poche Senior /
Hachette Jeunesse

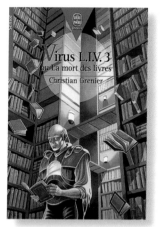

science-fiction

▶ *Totalitarisme*

▶ *Amour*

▶ *Lecture*

bon lecteur
● ● ○

VIRUS L.I.V. 3 OU LA MORT DES LIVRES

Christian Grenier
Le Livre de Poche Senior / Hachette Jeunesse

Paris, fin du XXIᵉ siècle. Deux clans s'affrontent :
les Lettrés et les Zappeurs. Les Lettrés ont mis en
place un régime rigoureux imposant le livre. Mais les
Zappeurs, passionnés d'informatique, résistent
et fabriquent un virus, le L.I.V. 3, qui tue les livres en
effaçant les mots. Allis, qui aime autant les livres que
les ordinateurs, tente de trouver l'antivirus…
Original, un roman qui prône la tolérance entre
amoureux des livres et des micros. Après tout, on peut
être Lettré et Zappeur, non ?

Portrait de l'auteur p. 222.

Si vous avez aimé…
vous aimerez

Dans le même genre
→ Science-fiction
Le Passeur
Lois Lowry
➤ *p. 195*

Du même auteur
→ Christian Grenier
La Fille de 3ᵉᵐᵉ B
➤ *p. 163*

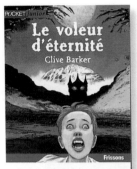

POCKET *Junior*

Le voleur d'éternité
Clive Barker

Frissons

Pas de doute, Février était un monstre, un mois qui n'apportait que laideur et tristesse ; une terrible bête qui avait dévoré Harvey Swick tout cru. Et celui-ci se morfondait au

bon lecteur
● ● ○

fantastique

▶ *Maison magique*

▶ *Disparition*

LE VOLEUR D'ÉTERNITÉ

Écrit et illustré par Clive Barker
Pocket Junior / Pocket Jeunesse

Harvey s'ennuie ferme dans sa chambre quand surgit un petit bonhomme maigrichon qui lui parle "d'un endroit où le soleil brille sans arrêt et où les nuits sont emplies de merveilles". Harvey le suit alors dans une maison extraordinaire, pleine d'enfants, de jeux, de rires et de pâtisseries ! Mais lorsque l'on cherche à en sortir, le rêve tourne vite au cauchemar…
Un roman touffu, aux multiples rebondissements, qui fait basculer le lecteur du conte de fées au thriller.

*Si vous avez aimé…
vous aimerez*

Dans le même genre
→ Fantastique
Les Royaumes du Nord
Philip Pullman
➤ *p. 204*

Jean-Claude Moscovici

Voyage à Pitchipoï

Médium

histoire

▶ *Guerre 39-45*

▶ *Nazisme*

▶ *Antisémitisme*

▶ *Histoire vraie*

▶ *Relation frère/sœur*

bon lecteur
● ● ○

VOYAGE À PITCHIPOÏ

Jean-Claude Moscovici
Médium / L'école des loisirs

La nuit du 16 au 17 juillet 1942, suite à une dénonciation, le père et les oncles de l'auteur sont arrêtés, puis déportés. Deux mois plus tard, ce sera le tour de ses grands-parents. Jean-Claude, six ans, et sa petite sœur, deux ans, sont alors expédiés à Drancy. C'est là qu'ils entendent parler pour la première fois de Pitchipoï, pays imaginaire dont personne ne revient…

Un témoignage exemplaire, d'une sobriété saisissante. Indispensable pour ne pas laisser l'oubli se refermer sur ces enfances assassinées.

Si vous avez aimé…
vous aimerez

Dans le même genre
→ Histoire
Un grand-père tombé du ciel
Yaël Hassan
➤ *p. 164*

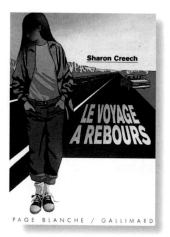

dès 11-12 ans

très bon lecteur
● ● ●

PAGE BLANCHE / GALLIMARD

c'est la vie

▸ *Mort*

▸ *Voyage*

▸ *Relation mère/fille*

▸ *Grands-parents*

LE VOYAGE À REBOURS

Sharon Creech
Page Blanche / Gallimard Jeunesse

La mère de Salamanca est partie "faire le point" quelque temps loin de la maison. Avec Gram et Gramp, ses grands-parents, Salamanca traverse le nord des États-Unis afin de la retrouver et de la ramener. Dans la voiture, elle raconte : sa vie avec son père, celle de sa copine Mabel, ses souvenirs… Autant d'histoires qui se mêlent à celle du périple entrepris pour tisser un récit émouvant. Que trouveront-ils au bout de la route ? Une lecture captivante qui donne beaucoup à réfléchir.

Si vous avez aimé… vous aimerez

Dans le même genre
→ C'est la vie
L'Enfant Océan
Jean-Claude Mourlevat
➤ p. 157

Sur le même thème
→ Grands-parents
Sombres Citrouilles
Malika Ferdjoukh
➤ p. 207

Du même auteur
→ Sharon Creech
Boogie-Woogie
Page Blanche / Gallimard Jeunesse

humour

▶ *Jeux de langage*

▶ *Paris*

▶ *Relations enfant/adulte*

très bon lecteur

ZAZIE DANS LE MÉTRO

Raymond Queneau / Illustrations de Roger Blachon
Folio Junior / Gallimard Jeunesse

Délurée, Zazie est un monument à la gloire de l'effronterie. Rien ne l'arrête, surtout pas la peur du gendarme. Qui plus est, elle parle comme un charretier pulvérisant la grammaire et le vocabulaire avec un bonheur qui fait plaisir à lire ! Son expression préférée : "Mon cul !", sans oublier le fameux "Doukipudonktan ?"
On l'aura compris, le langage est le véritable héros de ce livre à la bonne humeur communicative. Par la bouche de Zazie, un vent de fronde souffle sur les conformismes et les codes littéraires.

Si vous avez aimé... vous aimerez

Dans le même genre
→ Humour
Mieux vaut en rire
Roald Dahl
➤ *p. 181*

30 portraits d'auteurs

JEAN-PHILIPPE ARROU-VIGNOD

Jacques Sassier

Une petite tendresse pour les surdoués

"Les livres ne doivent pas être seulement un reflet fidèle : ils dépassent la simple réalité pour donner l'envie de vivre et de faire siens les enjeux de l'existence adulte." Professeur, directeur de collection, Jean-Philippe Arrou-Vignod aime révéler ses lecteurs à eux-mêmes par le biais de passionnantes intrigues policières (*Le professeur a disparu*). Il fait aussi preuve d'une tendresse particulière pour les surdoués comme P. P. Cul-Vert ou Léo (*Léo des villes, Léo des champs*), ce qui est très agréable quand on s'identifie à ses personnages…

HUBERT BEN KEMOUN

Catherine Cayrol

Des porte-manteaux pour son porte-plume

Il rêvait de devenir une rock star mais dut se rendre à l'évidence : ce serait pour une autre vie. Il s'est donc mis à écrire des pièces radiophoniques, à fabriquer des grilles de mots croisés et à régaler les enfants de ses histoires : histoires à suspense, histoires drôles et, souvent, drôles d'histoires à suspense, comme *Un monstre dans la peau*. Ce qui l'intéresse : "Faire rire tout en racontant des choses assez profondes." Il a cependant le talent de ne pas se prendre au sérieux. "La vie, l'amour, la mort me préoccupent bien sûr… Ce sont des porte-manteaux auxquels j'accroche souvent mon porte-plume."

JEANNE BENAMEUR

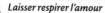

Laisser respirer l'amour

"Ce qui m'a poussée à écrire ce roman, confie Jeanne Benameur en parlant de *Samira des Quatre-Routes*, c'est la conscience que j'ai prise de l'aggravation du problème posé par la double culture, problème très lourd pour les filles en milieu maghrébin." Mais la question de la double culture n'est pas la seule au cœur de ses livres. Sa grande affaire, c'est aussi l'amour, entre ceux que tout unit ou devrait unir (*Quitte ta mère*), entre ceux que tout sépare ou devrait séparer, comme un rappeur de banlieue et un prof retraité (*Adil cœur rebelle*)… "L'amour est là, dit-elle, seulement il n'y a pas assez de place autour pour qu'il respire."

JUDY BLUME

Une ado de soixante ans

Elle situe le début de sa carrière d'écrivain le jour où elle a fait devant toute sa classe un exposé sur un livre et un auteur qui n'existaient pas. À soixante ans, Judy Blume est toujours une ado qui a gardé intactes ses émotions de jeunesse : amitiés exigeantes (*Trois Amies*), angoisses de l'adolescence (*Tiens bon, Rachel !*), férocité des copines (*Un exposé fatal*), premier amour (*Pour toujours*) et envie de grandir très très vite (*Dieu, tu es là ? C'est moi Margaret*, largement autobiographique). Son truc : parler avec humour et franchise de ce qui fâche.

ÉVELYNE BRISOU-PELLEN

Écrire pour avoir plusieurs vies

Évelyne Brisou-Pellen est une Bretonne marocaine : Bretonne parce qu'elle habite sa Bretagne natale et Marocaine car elle a passé son enfance à Meknès. Petite, elle voulait être archéologue. Finalement, elle assouvit sa passion pour les voyages dans le temps à travers ses livres. Autres époques, autres lieux : landes écossaises (*L'Année du deuxième fantôme*), Égypte (*La Vengeance de la momie*), Moyen Âge (*Le Vrai Prince Thibault*) et même classes de cours moyen (*Le Monstre du CM1*) ! Et quand on lui pose la question fatale : "Pourquoi écrivez-vous ?", elle répond : "Pour avoir plusieurs vies."

JEAN-FRANÇOIS CHABAS

© Philippe Rocher

Une imagination tous azimuts

"On sous-estime les enfants en pensant qu'un livre peut être trop difficile pour eux." Cet écrivain aux trente-six métiers, boulimique de lecture et réfractaire aux études, enracine donc ses romans dans les univers les plus exotiques, voire les plus farfelus : celui des chamans (*Une moitié de wasicun*), de la boxe (*La Deuxième Naissance de Keita Telli*), de la prohibition (*Les Secrets de Faith Green*), de chauves-souris vampires déprimées (*Pauvre Alfonso !*) et même d'extraterrestres vénusiens à pustules (*Barbak l'étrangleur*). Il affirme : "L'imagination ne me pose aucun problème." On ne peut que le croire !

ROALD DAHL

Des tantes écrabouillées...

À condition de couper à travers champs, on peut encore voir à Great Missenden, en Angleterre, une cabane délabrée au fond d'un grand jardin. C'est là que Roald Dahl, front dégarni et œil malicieux, écrivait ses histoires. Avant la cabane, il y avait eu la Tanzanie, la Royal Air Force... et quatre enfants. Il n'avait commencé à écrire pour la jeunesse que dans les années 1960, après une quinzaine de livres grinçants destinés aux adultes...
C'était un virtuose de l'humour noir. À ceux qui le lui reprochaient, il répondait : "Nous vivons dans un monde cruel. Les enfants doivent lutter pour parvenir à leurs fins. Les tantes écrabouillées sont une fantastique compensation."

© Quentin Blake

MARIE-HÉLÈNE DELVAL

DR

Des mensonges qui disent la vérité

Ses *Chats* ont reçu pas moins de six prix littéraires. Une véritable consécration pour cet auteur qui sait faire frémir les plus grands (*La Nuit de l'ange et du diable*, *Là où vivent les morts*) et amuser ou instruire les petits (*Le Professeur Cerise*, *Victor l'enfant sauvage*). "Les histoires sont des mensonges qui disent la vérité." Voilà ce qu'elle répond quand on lui demande ce qui, dans ses récits, relève du "vrai" et du "pas vrai". Parce que, si ses personnages maléfiques n'existent pas "en vrai", le mal, lui, existe bien...

AGNÈS DESARTHE

Séismes intérieurs et grandes passions

Ses livres sont une mine pour tous ceux qui éprouvent un léger
décalage – entre eux et les autres, eux et la "vraie vie" :
les boucs émissaires (*La Femme du bouc émissaire*), les trop
petits (*Dur de dur*), les complexés (*Je ne t'aime pas, Paulus*).
Bref, tous ceux qui s'interrogent, même à huit ans (*Les Grandes
Questions*). Agnès Desarthe arrive à transformer en séductrice
une polyallergique (*Poète maudit*) et en oasis de bonheur le cabinet
d'une pédicure (*Tout ce qu'on ne dit pas*). Elle sait décrire comme
personne la magie des gestes à peine esquissés et des demi-regards
qui déclenchent séismes intérieurs et grandes passions.

© Sylvère Azoulaï

MARIE DESPLECHIN

© Franck Courtès

Un univers familier

Il se passe une chose étrange avec les livres de Marie Desplechin :
quand on les ouvre, on se sent tout de suite chez soi.
On reconnaît tout, les odeurs, les objets… Sans doute parce
que, comme elle le dit : "Je n'écris pas spécialement pour
les enfants, j'écris avec mon enfance." Pourtant, cette maison-là
réserve de drôles de surprises : on peut y devenir héros malgré
soi (*La Prédiction de Nadia*), avoir des interrogations existentielles
(*Et Dieu dans tout ça ?*) et même recevoir une formation accélérée
en sorcellerie (*Verte*). Entrer dans la maison de Marie Desplechin,
c'est souvent ne pas vouloir en sortir.

MALIKA FERDJOUKH

Fais-moi (encore) peur !

On lit *les Joues roses* et on a le moral : après tout, la vie est belle.
On passe à *Fais-moi peur*, *Sombres Citrouilles* ou *Rome l'Enfer* et,
là, on sent qu'on ne va pas bien dormir. Derrière *Fais-moi peur*,
il y a le racisme, derrière *Sombres Citrouilles*, de sinistres secrets
de famille, et derrière *Rome l'Enfer*, l'exclusion et la mort.
Chez Malika Ferdjoukh, il y a toujours quelque chose "derrière",
le frisson n'est jamais gratuit. "Mes livres ne sont pas des
témoignages, mais des constats. Il suffit d'être assis à vingt heures
sur un banc du métro, d'observer, d'écouter, tout est là."

DR

221

ANNE FINE

Écrivain pour cause d'intempérie

Anne Fine est devenue écrivain pour cause d'intempérie :
"J'attendais ma première fille. Je passais mon temps
à bouquiner mais, comme il neigeait et que je ne
pouvais pas aller à la bibliothèque, je me suis mise à
écrire." Depuis, la neige a fondu et Anne Fine a continué
d'écrire des livres drôles, caustiques, insolents, piquants
comme les coups de griffes de Tuffy dans *le Journal d'un
chat assassin*.

© Jillian Edelstein

PASCAL GARNIER

DR

Son zoo intérieur

"J'étais nul en orthographe, nul à l'école. Et puis, un jour, mon
bestiaire, mon zoo intérieur, tout ça a pris trop de place et je me
suis mis à écrire." Et le bestiaire de Pascal Garnier est fourni : une
fillette prisonnière d'un miroir (*Mauvais Reflet*), des adolescents
perdus (*Traqués*), un dictionnaire en vrac (*Dico Dingo*), une
maman aux cheveux bleus (*La Bleuïte aiguë*)… Rien que des gens
ordinaires auxquels il arrive des choses extraordinaires qui font
déraper le réel dans le rose, pour les plus jeunes, dans un gris soutenu pour
les plus grands, mais toujours avec des images percutantes.

CHRISTIAN GRENIER

"Qui aurait envie de passer sa vie dans un berceau ?"

Fils d'une comédienne et d'un régisseur, Christian Grenier aurait
pu brûler les planches. Mais non, il est tombé tout petit dans
l'écriture : à six ans et demi, il rédige sa première histoire et la
donne à dactylographier à sa sœur. Depuis, il compte à son actif
une cinquantaine de livres avec pour genres de prédilection
le polar informatique (*L'Ordinatueur*) ou musical (*Arrêtez la
musique*) et la science-fiction, dont il est l'un des auteurs phares.
Pour expliquer son amour de la SF, il dit : "La Terre est le berceau
de l'humanité, mais qui aurait envie de passer sa vie dans un
berceau ?"

DR

222

GUDULE

Un état de colère continue

"Les vampires sont bien capables de s'adapter au monde moderne." Sur la question, Gudule est catégorique : dans *Destination cauchemar !*, son héroïne est donc zigouilleuse de vampires et dans *La sorcière est dans l'école*, elle apprend à transformer sa maîtresse en bouillie verte (toujours utile). Mais, outre le fantastique, il est un autre genre qui lui tient à cœur, celui d'un réalisme au plus près de la conscience sociale. Elle évoque le racisme (*Mort d'un chien*), la misère (*L'Envers du décor*) ou le travail des enfants (*Le Manège de l'oubli*). "Les choses qui ne vont pas bien dans la société me mettent dans un état de colère continue."

CLAUDE GUTMAN

Des romans dont on ne sort pas indemne

Il semble vouloir avaler la vie sans jamais se poser : "J'écris au stylo à plume, n'importe où, n'importe quand, mais surtout dans le bruit et la vie qui coule autour de moi. Hurlement de gosses et cinq radiocassettes qui fonctionnent en même temps…" De ce tumulte naissent des romans dont on sort chaviré : *Toufdepoil*, sur le divorce. Et puis *La Maison vide*, *L'Hôtel du retour*, *Rue de Paris* où David découvre l'horreur des déportations et s'efforce de vivre malgré tout… "À quoi bon publier des romans, des récits qui vous laissent, une fois lus, indemne ?" demande Claude Gutman.

YAËL HASSAN

"Interroger ses grands-parents"

L'originalité des romans de Yaël Hassan, c'est qu'on y rencontre souvent un grand-père ou une grand-mère. *Manon et Mamina* sont toutes deux fugueuses, l'une est adolescente, l'autre a soixante-dix ans ; dans *Un grand-père tombé du ciel*, Leah apprivoise un vieil homme blessé par l'Histoire et dans *Quand Anna riait*, deux enfants découvrent le journal de leur grand-père et, à travers lui, une histoire d'amour. Yaël Hassan tient à cette chaîne familiale, à cette transmission de la mémoire par les grands-parents : "Il faut quelque chose de très important pour qu'on pense à interroger ses grands-parents." Et ses livres posent des questions importantes.

MICHEL HONAKER

La voie du sang

Cet homme-là a deux passions, les livres et la musique, qu'il conjugue avec brio sur le mode polar (*Croisière en meurtre majeur*) ou biographique (*Nocturne pour une passion*). Comme il a plusieurs cordes à son violon, il est aussi passé maître ès science-fiction. "Quand j'avais dix ans, les histoires que je rêvais de lire n'existaient pas. Je n'avais comme solution que de les écrire moi-même." Et ce qu'il rêvait de lire, c'étaient (déjà) des histoires saignantes comme *Terminus : Vampire City !*, Conan Doyle et son chien, Bram Stoker et son Dracula lui ont montré la voie. La voie… du sang.

CHRISTOPHE HONORÉ

"Je n'écris pas des histoires de lapins qui ont des problèmes de terrier"

La plupart de ses livres mettent en cause le silence ou le mensonge des adultes, c'est peut-être ce qui lui a donné cette réputation d'auteur subversif dont il se défend : "Je n'écris pas des histoires de lapins qui ont des problèmes de terrier, mais de là à dire que j'écris des livres subversifs..." En fait, Christophe Honoré n'hésite pas à s'attaquer à des sujets graves : le sida dans *Tout contre Léo* ou la mort d'un père dans *Je joue très bien tout seul*. "Je parle de ce qui me touche et me bouleverse. Je n'ai pas peur d'écrire sur la mort ou la maladie. Il faut arrêter de prendre les enfants pour des imbéciles."

ANTHONY HOROWITZ

Il ferait même lire les parents !

Anthony Horowitz a beaucoup de points communs avec Roald Dahl : il est Anglais, écrit dans une petite maison au fond de son jardin et, surtout, ses livres sont de petits chefs-d'œuvre d'humour noir. Sa mère disait être une sorcière et, le soir, il avait le choix entre l'histoire de Frankenstein et celle de Dracula. Quant à sa grand-mère… il suffit de savoir que *Satanée Grand-mère* est "un livre largement autobiographique" ! Chez lui, le surnaturel se déchaîne, les rebondissements déferlent en raz de marée, les personnages sont troubles, inquiétants. Fantastique, suspense, humour : un cocktail détonant qui ferait même lire les parents !

DR

"Grimper un escalier avec plusieurs marches"

Comment introduire un hamster chez des parents réticents (*Hamsterreur*), entrer dans une équipe de foot quand on est une fille (*Fous de foot*), prendre les triangles pour des "chioukamards à gloupions" et être premier de la classe (*La Charabiole*) ? On l'aura compris, Fanny Joly a sur ses lecteurs le même effet que sa sœur Sylvie sur son public. Elle écrit d'ailleurs certains de ses sketches. Mais sa préférence va aux romans, même si chacun lui demande beaucoup de travail : pas moins de quatre brouillons successifs… Pour elle, écrire un livre, c'est comme "grimper un escalier avec plusieurs marches".

CHRISTIAN LEHMANN

Un auteur à rebrousse-poils ?

Christian Lehmann écrit pour ces adolescents auxquels on voudrait faire croire, "grâce à quelques sportifs milliardaires sur lesquels les hommes politiques adorent accrocher des médailles, que le bonheur réside dans une paire de chaussures de sport à six cents balles".

On le voit, la langue de bois n'est pas son fort. En un seul et superbe livre qui claque comme une gifle, il fait s'écrouler l'univers des jeux vidéo et des guerres virtuelles (*No pasarán, le jeu*) ou les collections fantastiques prémâchées (*La Citadelle des cauchemars*). Christian Lehmann prend ses lecteurs à rebrousse-poils, c'est-à-dire qu'il ne les prend pas pour des idiots.

© Bruno Garcin-Gasser

225

THIERRY LENAIN

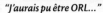

"J'aurais pu être ORL…"

Quand on demande à Thierry Lenain pourquoi il écrit,
il répond : "J'aurais pu être ORL… personne ne m'aurait demandé
pourquoi." Il écrit parce que c'est comme ça. Souvent des
histoires qui répondent aux interrogations de ses plus jeunes
lecteurs (*Mademoiselle Zazie a-t-elle un zizi ?*, *Trouillard !*) ou
qui trouvent un écho douloureux dans l'actualité : le racisme
(*Pas de pitié pour les poupées B.*), la drogue (*Un pacte avec le diable*)
et même la vivisection (*Un chien dans un jeu de quilles*). Puis, au détour d'une
page, on découvre une réponse : "La parole est délicate. Mais le silence
condamne. Et j'écris." Finalement, on le préfère en écrivain qu'en ORL.

CATHERINE MISSONNIER

Panique sur le primaire !

Cette ancienne urbaniste est, depuis toujours, une grande
bâtisseuse d'histoires. Petite, à Madagascar, elle passait
son temps à s'en raconter rien que pour elle et à en chuchoter
la nuit à ses copines de dortoir. Tananarive est loin, les histoires
sont restées. Aventure et suspense, ses héros sont les rois de
la débrouille, de la camaraderie et de l'humour, notamment
la "bande des neuf" à laquelle aucun espion, faux monnayeur, alien,
kidnappeur ou sorcier ne résiste. *Superman contre CE2*, *Opération
caleçon au CE2*, *Extraterrestre appelle CM1*, *Les CM2 à la une* :
panique sur le primaire !

SUSIE MORGENSTERN

"Faire des vagues sur la page"

"Quand tu écris, dit-elle, tu peux tout faire, tu as
le pouvoir. Tu peux bâtir une maison, faire briller
le soleil ou envoyer un déluge. Tu peux anéantir
tes ennemis, faire prospérer tes amis. Tu peux tuer
les méchants, faire rire les malades, faire pleurer
une foule ou provoquer la fin du monde. Tu peux
raconter tes secrets les plus intimes, les moments
les plus sombres, tes triomphes, tes espoirs. Ou simplement faire
naviguer les émotions en faisant des vagues sur la page." Susie
Morgenstern fait tout ça dans ses livres. Et même un peu plus…

JEAN-CLAUDE MOURLEVAT

Des "romans de solitude"

Une impression d'étrangeté domine les livres de Jean-Claude
Mourlevat, comme si ses héros s'étaient égarés dans le réel.
Étrangeté de Yann, l'*Enfant Océan* muré dans son silence,
d'Arthur, délaissé par sa mère, dans *A comme Voleur*, ou
d'Olivier dans *la Balafre*. Leur étrangeté réside dans le secret
– un secret que le lecteur serait le seul à partager. Jean-Claude
Mourlevat nous renvoie sans cesse à ce silence lorsqu'il appelle
ses livres des "romans de solitude".

DR

MARIE-AUDE MURAIL

Ses héros sont nos amis

Look Tintin, voix grave, caractère bien trempé, puis grand éclat
de rire rassurant : les gosses l'adorent. Entre retenue et complicité,
"la Murail" est là, un écrivain militant, sans concession. Objectif :
faire lire. Grâce à des histoires d'enfants avec des problèmes
d'enfants (*Bravo Tristan !*), des histoires cocasses (*Le Hollandais
sans peine, Baby-sitter blues*), des polars palpitants (*L'assassin
est au collège*)… Dans tous les cas, des récits aux héros si attachants –
Émilien, Nils Hazard, les Morlevent de *Oh, boy !*, qu'ils ne nous quittent
pas tout à fait une fois le livre refermé, comme des amis. Et des amis
comme ça, c'est précieux.

DR

DANIEL PENNAC

Comment apprivoiser l'autre

Quand on lui demande : "Où êtes-vous né ?", il dit : "Dans les bras
de ma maman." À la question "Où vivez-vous maintenant ? ",
il répond : "Ici." Bien. Pennac est un dur à cuire, on ne le fait pas
parler facilement. On n'en attend pas moins de quelqu'un qui
a coupé du bois en Côte d'Ivoire avant de se métamorphoser
en prof-écrivain… De *l'Œil du loup* à *Cabot-Caboche*, en
passant par *Kamo*, ses livres parlent tous de l'inconnu (le loup,
l'entrée en sixième…). Pour apprendre à apprivoiser ce qui peut effrayer
et pour ne pas passer à côté d'autres univers…

© Jacques Sassier

PHILIP PULLMAN

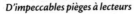

D'impeccables pièges à lecteurs

Univers parallèles, réminiscences d'une autre vie, forces de la lumière et anges des ténèbres, les romans de Philip Pullman sont des "page turner", comme on dit de son côté de la Manche, des livres dont on ne peut s'empêcher de tourner fébrilement les pages. *J'étais un rat, Les Royaumes du Nord, La Tour des anges* sont ainsi de formidables pièges à lecteurs.

Petit, Philip Pullman vivait en Australie, adorait les BD de Batman et se faire peur avec des histoires de fantômes. Maintenant il habite Oxford, possède un piano, trois chiens et se demande si l'enfant d'autrefois aimerait les histoires qu'il écrit aujourd'hui. "Je l'espère. J'espère qu'il est toujours avec moi. Je les écris pour lui."

© Giovanni Giovanetti Effigie

BRIGITTE SMADJA

"Un temps fragile"

Les livres de Brigitte Smadja parlent d'amour et d'adolescence : à six ans, *Marie est amoureuse* (de Samuel) ; à dix ans, *Marie souffre le martyre* (à cause de Samuel qui est amoureux d'une créature à longues nattes blondes) ; à dix-sept ans, Marie affirme "J'ai hâte de vieillir" et comprend que son impatience se nourrit d'illusions.

Pour Brigitte Smadja, cet âge est forcément douloureux : "Un temps où l'on s'enivre de quitter l'enfance, mais où l'on ressent pour la première fois la nostalgie de la perte. Un temps fragile." Si elle perçoit si bien cette fragilité-là, c'est peut-être qu'elle ne l'a jamais vraiment quittée…

© Sarah Schwarz

Attention Talent
Jeunesse

Pour que le Talent ne passe pas inaperçu les libraires Jeunesse de la Fnac vous proposent de découvrir chaque mois un roman ou un album remarquable pour ses qualités narratives ou graphiques.

Anaïs Vaugelade, Guillaume Guéraud,
Eric Battut, Christian Voltz,
Zaü, Gérard Gréverand,
Erlé Ferronnière,
Lisa Bresner, Frédérick Mansot,
Malika Ferdjoukh,
Jean-Philippe Chabot,
Jean-François Chabas.

index auteurs

Les pages en italique rouge renvoient aux portraits des auteurs

index titres

232